中国科协科学技术创新部
全球科技社团研究系列丛书

目的经济

——社团组织发展新格局

［美］阿伦·赫斯特　著

杜耀梅　译

中国科学技术出版社
·北京·

图书在版编目（CIP）数据

目的经济：社团组织发展新格局 /（美）阿伦·赫斯特著；杜耀梅译 .
—北京：中国科学技术出版社，2023.10

书名原文：The Purpose Economy Expanded and Updated: How your Desire for Impact, Personal Growth, and Community Is Changing the World

ISBN 978-7-5046-9992-3

Ⅰ. ①目… Ⅱ. ①阿… ②杜… Ⅲ. ①社会团体 – 研究　Ⅳ. ① C23

中国国家版本馆 CIP 数据核字（2023）第 042676 号

Translated and published by China Science and Technology Press with permission from Elevate Publishing. This translated work is based on *The Purpose Economy Expanded and Updated: How your Desire for Impact, Personal Growth, and Community Is Changing the World* by Aaron Hurst. ©2016 Aaron Hurst. All Rights Reserved. Elevate is not affiliated with China Science and Technology Press or responsible for the quality of this translated work. Translation arrangement managed RussoRights, LLC on behalf of Elevate Publishing.

著作权登记号：01-2017-3399

本书由美国 Elevate Publishing 出版社通过 RussoRights, LLC 授权中国科学技术出版社有限公司独家出版，未经出版者许可不得以任何方式抄袭、复制或节录任何部分

策划编辑	单　亭
责任编辑	向仁军　陈　璐
封面设计	麦莫瑞
正文排版	中文天地
责任校对	张晓莉
责任印制	李晓霖

出　　版	中国科学技术出版社
发　　行	中国科学技术出版社有限公司发行部
地　　址	北京市海淀区中关村南大街16号
邮　　编	100081
发行电话	010-62173865
传　　真	010-62179148
网　　址	http://www.cspbooks.com.cn

开　　本	710mm×1000mm　1/16
字　　数	250千字
印　　张	15.75
版　　次	2023年10月第1版
印　　次	2023年10月第1次印刷
印　　刷	北京瑞禾彩色印刷有限公司
书　　号	ISBN 978-7-5046-9992-3 / C · 228
定　　价	68.00元

（凡购买本社图书，如有缺页、倒页、脱页者，本社发行部负责调换）

目　录
CONTENTS

前言…………………………………………………………………………1

第一部分　认识目的经济

第一章　目的经济……………………………………………15
什么是目的经济？

在每一个看起来并非密切相关的行业和城市，发展无处不在。从远端观察，这些发展颇具规律，即它们都以赋予人们生活的意义为目的。它代表了一个新的经济时代，一个以我们生活追寻的三种目的为驱动力的时代。

第二章　经济的演变……………………………………………27
什么导致了目的经济的出现？

历史上有三个主要的经济时代：农业经济时代、工业经济时代和信息经济时代。现在我们看到第四个经济时代正在来临——基于人类目的的新时代。

第三章　新经济的十大驱动力……………………………………39
哪些趋势造就了目的经济？

在当下的历史节点，社会、政治、环境和商业——这几个方面发生的变化及其交互融合，促成了目的经济时代的到来。十大驱动力不仅解读了何谓新经济，更对于它将如何形成提供了一个独到的视角。

第二部分　个人目的——赢家

第四章　目的的重要性……………………………………………73
为什么目的非常重要？

在追求幸福和安宁的过程中，明确自身目的是最为重要的。鉴于工作占据了我们人生中大量的时间，我们首先应当关注如何通过我们的事业实现目的。

第五章　破解目的之谜···93

目的到底是什么？

我们对目的的认知大多是错误的。过去几十年新的研究，正在帮助我们知晓是什么催生了目的。而这些知识足以改变我们对事业和生命认知的根基。

第六章　目的的主体、方式和缘由·····························101

我的目的是什么？

在工作中，是什么催生了目的，因人而异。我们需要知道什么样的主体、方式和缘由催生了我们的目的，以便我们能够通过运用这些目的产生的原理去规划我们的人生。

练习：创建你的目的宣言

第七章　目的的实践···126

在我的事业中如何践行目的经济？

发现工作的目的是一个没有终点的征程。它贯穿在一个不断管理我们的人际关系、工作任务和思想的动态过程中，并持续优化改进。

练习：重新定义你的工作

第三部分　社会目的——目的经济的组织

第八章　目的经济组织···142

什么是目的经济组织？

在新经济时代蓬勃兴起的组织将通过工作方式、产品、服务和关联关系，去促成目的的形成。在经济活动中，一些领导层已经揭示了这方面成功的奥秘。

第九章　领导中的目的性···150

我们应该怎样引领目的经济组织？

新的领导模式正在构建，它不再是军事化决策方法而更多是由20世纪60年代婴儿潮那一代人所使用并发展而来的社区组织决策方式。

第十章　目标导向型行业——五个机遇 · 171

目前最大的机遇是什么？

目的经济正在急剧瓦解着大众市场。诸如保健、零售、教育领域的变化，正在创造着令人振奋的市场机遇和史无前例的市场规模。

练习：发现你所在组织的目的

第四部分　社会目的——走向市场

第十一章　市场推动者 · 194

在目的经济中决定市场的是什么？

在目的经济中，我们不仅应该极力构建成功的组织，也同样要积极去改造和构建市场。我们处在一个转型期，唯有充满创造力和雄心壮志的人，才能真正改变世界。

第十二章　推动市场的五种策略 · 211

如何推动市场？

五年的调研，我们已经揭开了驱动市场的原动力，有五种方法可以去实践。通过研究它们，能够快速地提高你的成功概率。

后记 · 227

附录1　目的经济的核心要素 · 230

附录2　术语表 · 235

参考书目 · 239

作者简介 · 245

前　言
目的经济1.0（2013年9月）

我今年39岁。美国男性的平均寿命是76岁。照此看来，尽管许多人称我为"年轻的领袖"，但我已经进入了人生的后半段。

在这39年中，世界发生了巨大变化。很多国家的历史还不到75年，国家宪法的平均寿命只有17年。登上财富500的公司的寿命在40年到50年之间——大约是世界上最贫困的十个国家中的一个人的寿命。在我祖母那一代，在全世界范围内，国家的数量增加了100%；她出生时，许多国家还没成立。

我们的机构、政府及国家仍然处在巨大的演化过程中。你的寿命可能会比你现在工作的单位存在的时间长。目前在社会上有影响力的公司很可能是最近才出现的，不会超过100年的历史。某一部门刚刚成立，而引领风骚的这些商业巨头，尽管有着各样资源与完善的管理体制，也很难超过75年。主根基金会（Taproot Foundation）成立12年了，作为它的创立人，我很难预测它能存在多久。但是当我死去时它仍然存在，这种可能性会很小。我希望它的影响力会在我离世后一直存在，但是对于一个组织来说，寿命超过我是很难做到的。

这种想法令人困扰又令人释然——一切都处于过渡状态，都没有我们想象的那样长久。如果我们所建立或所经历的在我们身后都几乎不能存在的话，我们就应该给自己更多机会去尝试，去冒险。没有一成不变的事。这就意味着我们还没有真正意识到自己的潜能，这也同时意味着即使我们做错了，也不会带来持久影响，还是可以挽回的。人们按照某一方式去做事情，直到有人去改变它。而你就可以成为那个做出改变的人。

把自己的想法张贴出来

1992年我上高中，而我的父亲在密歇根大学读博士。对于那段时间，最美好的记忆就是看父亲如何构思他的博士论文。他会从一次谈话、一项研究或是一本书中得到启示与灵感。然后他会把这些启示与灵感在巨大的纸上写下来，并且进行勾画和圈点，书桌上会铺满了纸张。他圈来画去，画线将它们的关系连接起来。趁他不在的时候，我就会把他的图展开并仔细观看，试图去明白那些线、那些字以及那些圆圈的意思。其实这是他的思维结构图，通过看这个图我感觉到自己进入了父亲的思维中。

20年后，我也开始把自己的想法以图示的方法画出来。我的图是以便利贴的形式张贴在我办公室的窗户上。从我的窗户可以看到纽约市区的景色。有将近一年的时间，我不断地对它进行排列与修改，尝试着去寻找我长期在研究的问题的答案：会有一门关于社会公益的学科吗？我在主根基金会所做的一切工作能产生一个更大的影响吗？每年投入到教育和解决贫穷问题的资金多得不计其数，但真正产生效果了吗？人有可能去预测成功吗？如何做才能带来社会影响？如何设计社会公益活动能够有更高的概率产生积极的变化？

把自己的想法张贴出来，这种方式给我带来了突破。在后来写的斯坦福社会革新回顾[①]的系列文章后，我把这种方式称作社会改变的五种策略。在如何成功带来社会改变的研究基础上，我发现有五种途径可以带来积极的

[①] Hurst, Aaron. "Five Levers for Social Change: Part 1." *Stanford Social Innovation Review*. N.p., 20 Feb. 2012. Web.

 前言

社会改变，它们分别是：研究，政策，公众认知，革新技术和创意。这一构架极大地降低了设计推动社会变革的公益活动的难度。那些似乎"不可能实现"的变得容易把控和操作了。这一构架一旦出现，我就要去推行它，看是否会有例外情况。

除上面的五个策略之外，无论是企业家、地方基金会甚至白宫官员都找不到一个案例是使用另一途径带来社会改变的。但是当我不断对这个构架进行检测时，我发现这五个策略还不够。使得这些策略奏效需要跨行业的、不同背景和不同经历的众多人的合作。领导者不会倾听彼此的想法也不尊重同伴的观点。他们是给对方讲话，而不是彼此交谈。他们会陷入对问题的论断中，而不是花时间选择正确的策略去做出改变。

不久前就有一系列新的想法在我的窗户前面张贴出来。为什么这些聪明的人对相同问题的想法会如此不同？为什么他们不能去理解同行们的观点？我们如何能让人们互相合作从而把这五个策略应用到实践中去？在各类电话会议和研讨会的间隙我不断地将张贴出来的新想法排列组合，思考其中的关联。三个月后我得到了答案。当我整理推动进步的所有不同方案时，我想到了五个全然不同的方面。我逐渐明白这五个方面不仅构成了人们给这个世界带来转变和进步的核心，也构成了人们在生活和事业中经历目的性的核心。这五个方面体现的是一种多样性，而且是一种目的多样性。

目的是一种行动

与许多人一样，我一直认为找到生活的目的就是找到了我的事业。从事对人们进行教导和培训的这么多年，目的总是通过一个个名词表达出来——移民、民权、教育等。然而，这无法准确地表现出我认识的许多人的状况：他们做的工作根本谈不到"事业"，但是他们对工作却有很强的目的感。还有一些从事多种事业的人也有很强的目的感。我开始明白：定义一个人的目的并不是去发现一个名词，而是发现一个动词——去行动。它并不仅仅是你

在做什么，而是还包括你要怎样去做，由此你才能与世界关联起来。例如，当我们召集教育界的管理者开会时，我们认为他们在共享一个目的，但是实际上，他们共享一项事业。除非他们都理解了彼此目的的多样性，否则这项事业几乎没有希望向前开展或几乎不可能带来有意义的变化。

这一洞见引来了第三个问题和一系列的想法。目的是什么？目的给人们带来什么？人们如何利用它？最重要的是，我们如何让人们使用他们所发现的目的从而带来有意义的改变？

这个乍看起来容易。十几年来，主根基金会帮助了成千上万的人发现并培养了他们的目的。通过阅读两万多份申请材料，我积累了大量的数据、轶事和各样的故事。我把想法张贴出来以便找出关于催生目的因素的最终的模式和洞见。这一次我发现的神奇数字是三，也就是说人能在三种情况下找到目的：当个人成长时；当人们建立有意义的人际关系时；当他们能舍己去为更崇高的目标服务时。

难的地方在于回答紧随其后的问题，即如何使人去做富有目的的工作。通过进一步研究，很明显，对于许多人来说，他们需要富有目的的生活，目的并非可有可无，而是一个必要条件。对于千禧世代来说，这尤为重要。无论在哪里，人们在一切的事物上都在寻求和发现目的。像 Etsy 这样的网络商店平台富有目的，使它取得了巨大的成功。共享汽车这类新事物的市场和模型中也蕴含着目的，社交媒体的兴起和成功也离不开目的。这就是为什么许多人决定放弃他们手头的工作而自己创业。

在这段时间我偶然看到了叔叔马克·博瑞特（Marc Porat）的总结，那是他在斯坦福大学读博士时的著作。在 1977 年的论文中，他提出了"信息经济"这个术语。他提出证明宣布：信息已经超过工业一跃成为美国国内生产总值的领先驱动力。在他的博士论文总结中，我发现了他的描述和我通过主根基金会的工作和在整体经济中所亲眼看到的现象有着令人吃惊的相似性。特别是当时经济正在经历重大的重组，正如信息经济取代了工业经济，工业经济取代了在它之前的农业经济，一个新的经济正在崛起。

与大多数人一样，我也是把技术看作是创新、工作、增长和未来的同义

词。尽管信息经济依然明显是经济引擎的主要驱动力，但我可以清晰地看到新经济正在崛起，它是以个体需要在工作和生活中发现目的为中心的。它不是对未来的一种盲目乐观，而是人们的需求、想要的产品、服务以及工作演变过程中一个自然发生的阶段。当我和朋友、合作者、同事一起分享关于一个正在崛起的目的经济这个认识时，他们十分赞同，因为这与他们在工作和生活中所经历的和亲眼所见的相符。这不仅仅是一种趋势或有利可图的一个商机；作为消费者、雇主、社区管理者、政策制定者和雇员，我们每个人在重构社会和经济以满足日益增长的需要方面都起到了一定作用。

当然，生活中对目的的渴望不是件新鲜事，我们可以说这是构成人类发展的核心部分，也是我们这一物种的重要组成部分。但这意味着什么呢？我们期待看到哪些变化呢？我们如何推动经济向最有利于人类和全球的方向发展呢？信息经济不仅改变了组织和劳动力市场，而且也要求有一个全新的，有力的环境与之相配合。我们是否期待在这崛起的目的经济中会有一些相同变化发生呢？

信息经济的影响力是巨大的。信息经济的出现给政府、政策、教育、社区的活力，人类的社会交往，非营利组织的作用和规划都带来天翻地覆的变化。在组织中，信息经济不仅创建了技术部门，还催生了战略规划、市场营销和人力资源的广泛引入。而且，它完全改变了投资和资本流动的方式，使两者都加速运作，它还创造了一种注重于债务、规模和短期投资的文化。

我们是否在未来 20 年中期待在组织中看到类似的巨大变化呢？会有新的功能被发明出来吗？50 年后，会有一个公司和现在的公司仍旧非常相似吗？我们可以通过研究主根基金会和其他走在新经济前沿的组织找到线索，也可以通过分析像 Etsy、Interface 和 Airbnb 这样的目的经济组织是如何与十年前的他们的先驱不同而找到线索。

当我开始去研究目的经济的先锋时，我很清楚地看到市场、人力资源和战略规划都让步于新的组织和工作方法。为了繁荣发展，组织机构需要重新思索他们在新经济中该如何运作。

这些只是目的经济在组织中的影响。我们很可能会看到从政府到育儿到医疗保健等各方面发生的巨大变化。

在这种新经济中蕴藏着史无前例的机遇。我们需要对这一新经济进行规划并充分沉浸其中,以我们现在依然难以想象的方法去创造和扩大市场。作为现今和未来的管理者,我们有机会去提高生活品质及人类寿命。

目的经济2.0(2014年4月)

2013年初春,我坐下来开始写《目的经济——社团组织发展新格局》。我将目的经济前沿的洞见和故事在此书中分享,以期能够启发和帮助所有人来拥抱、建立以及享受这一新经济。这本书计划在同年的九月份出版,但是与埃里克·里斯(Eric Ries),也就是《精益创业》(*The Lean Startup*)一书的作者交谈了15分钟后,我们改变了计划,决定把书稿作为一个测试版本,而不是作为一本成书。我们印刷了2000册,把它们送给那些新经济的先锋者以及那些对新经济进行思考的高级管理者,请他们给出他们对于目的经济、这本书和这种观念的看法和观察。我们请他们分享他们的想法。我写了这本你正在读的书,但是实际上,许多和我分享他们故事和观点的人也都是这本书的作者。

我从全世界许多爱思考的合作伙伴那里得到了慷慨、智慧的反馈,我又有了一系列想法并将它们表达出来,这构成了本书的结构。《目的经济——社团组织发展新格局》并不是一本阐述结论的专著,而是一本仍需完善的启发性书籍,好让我们行动起来去建造一个服务于大众和全球的经济。

在这本书中,你会去探索目的经济中市场的演化发展以及推动市场向前发展的主要手段,还有去经营一个跨行业的组织的新方法,这使得这一组织能在这个新时代繁荣发展。但是这本书最重要的一部分是关于个人。目的经济的核心是人想要去发现自己职业目的的需要和愿望。当时我建立主根基金会时,这件事看起来似乎是一件难以完成的任务。但是仅仅十几年后,关键要素就变得清晰并且被证明是强有力的。

这本书为我们提供了史无前例的潜在机遇：目的经济不仅能够持续带来工作和资源，而且能够改善几十亿人的生活。它的潜力主要在于我们这些做管理者的在新经济中如何前行，如何在新经济中建构和投资。目的经济从本质来说，是第一个以人为本的经济。

目的经济3.0（2016年10月）

《目的经济——社团组织发展新格局》出版后，我用两年的时间进一步研究目的，我经营的一个实验室帮助一些机构学习如何使他们的组织在新经济中适应并繁荣发展。我在世界各地做主题演讲，总结和搜集了许多新想法，我将会在这本书的新版里和大家分享。

2014年本书出版后不久，我们号召大家提名选出在亚洲、欧洲和美国"目的经济"的前100名先锋，从而得到确认"目的经济"是真正全球性的，并且社会改变的五个手段正在美国以外的关键市场被使用，并产生了鼓舞人心的结果。

这些来自全世界的先锋在思索新经济的影响及其带来的机遇。我最喜闻乐见的谈话内容就是在我们从信息经济走向目的经济时，这个世界会有一个新的地方将要取代硅谷成为创新中心。我的新事业，一个公益事业机构，叫作"势在必行"（Imperative）。该机构在城市中组织了一系列的活动去探索目的经济核心地区的地理特征。在本书的最后一部分我会告诉大家这项工作最引人注目的地方。

对这本书绝大部分的更新是关于我们职业目的的本质以及对雇主的影响——在本书的第二部分和第三部分。这两部分对于那些在这个令人振奋的时代寻求富有目的的工作和生活的人们来说无疑能发挥实际作用并且派上用场。

在过去的两年，势在必行机构在美国与纽约大学合作，针对工作场所目的的本质进行了重要的研究。我们的目标是了解人们对它的接受程度以及有目的的工作对工作人员和雇主的益处。我们把这一研究在一些组织中重新实施，从领英（LinkedIn）到芝加哥基督教女青年会，我们从他们成功的组织中看到了具有目的倾向性的员工所起的作用（目的改变一切）。

我们也对千禧世代之后出生的人（即 Z 世代）感到好奇：那些刚要从大学毕业的人，他们是如何考虑目的、教育和未来的事业的？为了弄明白这件事，我们与三所重要的大学合作来调查这些学生，并了解目的在教育中的作用以及他们对于事业的期待。我们发现学生们对这一观点越来越感兴趣：学生们不再去选择自己的专业是什么，相反他们选择自己的目的。这真是颠覆性的创新。

与这些引领时代的雇主和教育家的研究和合作促使我重写了这本书第二部分和第三部分的大部分内容，以期给读者提供更多的数据和洞见。希望本书能帮助人们去明白我们事业的目的，也为雇主们能在这个新经济时代繁荣发展提供一些启示。

犹如在书中所谈到的，持续的目的感关乎有力的人际关系，关乎产生影响力，关乎个人的成长。对我来说，在本书的撰写过程中我同时获得了上述三者。众多人的帮助使这成为可能，他们与我齐心协力去实现我们共同的目标，对此我深表感激。

第一部分
认识目的经济

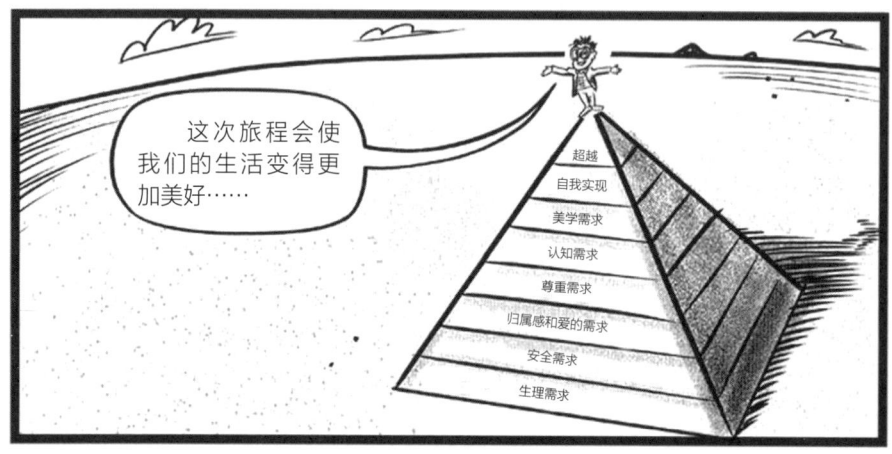
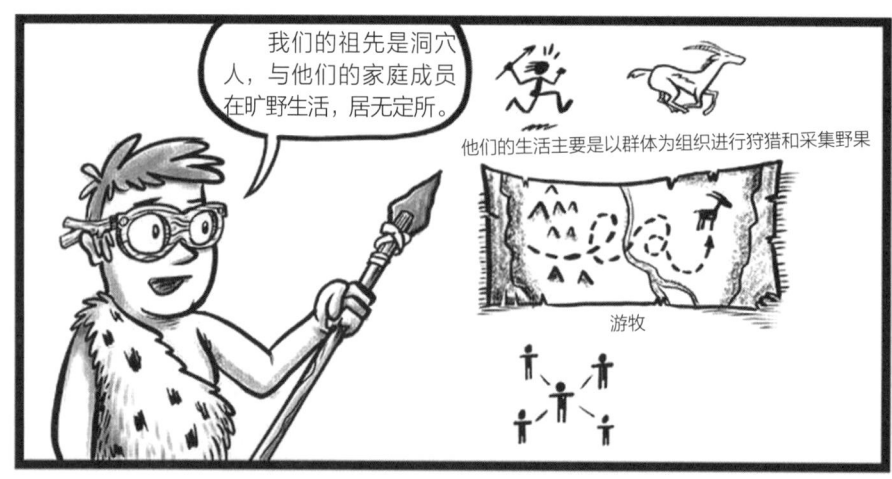

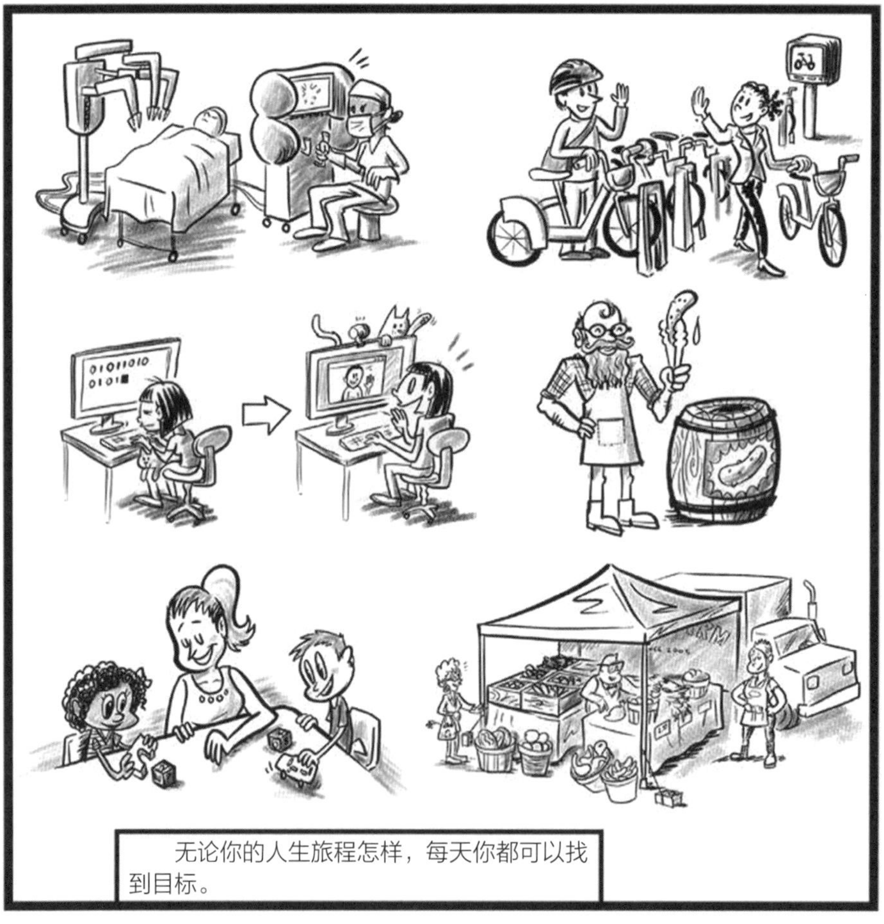

第一章 目的经济

每个工作日的上午八点，主根基金会数据库都会通过电子邮件发给我一份报告，是关于前一天申请加入主根专业技术咨询团队的个人情况，包括每个人的名字、职业和地址。通常每次都有几十个人，报告也会简洁地说明为什么每一个申请人愿意为我们其中的一个非营利伙伴奉献100个小时的工作时间。我在主根基金会任职的这些年，读到了25000份这样的申请，每一分都是独一无二的，他们的动机却有着惊人的一致性：

我会诚实相告——朝九晚五的文案工作无法使我振奋，我认为它无法使这个世界变得更美好。

我愿意将我的专业技能奉献给任何值得做的事业……金钱无法买到这样的成就感：你知道你在通过主根基金会这样的组织去投资他人的希望和梦想。

我喜欢帮助别人也喜欢使用电脑实现自动化，我想把两者结合起来。

我发现专业志愿服务要比有薪水的工作有价值得多。它真正帮助我充分发挥自己的潜能和天赋，也使两者得到了最好的使用。这是一个绝

佳的机会去发掘和拓展我的创造力和市场能力。

我很感激能接受教育并在事业上取得成功。我感觉自己有义务去利用现有的机遇，用自己的技能去帮助有需要的这些组织。

在仅仅12年间，这些专业人士就使主根基金会能够在专业志愿服务中奉献价值超过1亿美元的服务——平均每个志愿者奉献8000美元——这使得主根基金会成为美国最大的非营利咨询机构。他们的报酬是什么？目的。

当我说到目的时，我的意思远远要超出服务他人和地球这个层面。当然，服务是核心内涵。但是，在与成百上千的专业人士交谈后，在读了他们所写的反馈后，我发现了人们所寻找的目的还有其他三个重要来源：共同体意识、自我表现的机会和个人成长。换句话说，他们追求个人的、社交上的和社会的目的。

有一种特别强大的力量促使人们探索、发掘生活中意义的丰富来源。在2001年建立主根基金会后，我亲眼看到这种强大的力量不仅改变了成千上万的专业人士的生活，也开始促使我们的经济出现重大的、明显的改变。这一转变带来了全新的组织、产品、关系和服务，这也促使我们去发现创新的方法，使人们在生活中将"目的"放在首位，与以解决许多棘手的社会和环境问题。

这一转变是如此巨大和有说服力，我相信我们现在就处于"目的经济"崛起的早期阶段——美国历史上的第四次经济革命。尽管目的经济还不能够在国内生产总值中占支配地位，但是它增长得特别快。而且，正如我在本书中所讲的，有可能在不到20年的时间内，对目的的追求将会使美国的第三次经济革命——信息经济黯然失色。

第一章 目的经济

目的，目的无处不在

我不是一个经济学家、社会学家或心理学家，我是一个企业家。企业家总是在不停地寻找机遇，希望发现一些新趋向或捕捉到某种灵感去开发一些新产品或服务。这种识别模式的思考方式帮助我看到专业技术公益服务的巨大潜力，也帮助我在过去的十年从组织中出现的各种趋向中找到潜在的线索。这种思考方式帮助我理解这些趋向都是如何受到目的的驱使：它们共同创立了目的经济。

十几年来，我专注于完成主根基金会的使命。当我最终停下来反思进步和成果时，我意识到随着专业技术志愿服务开始成为主流，我们的专业技术志愿者服务运动正临近转折点。公众改变了他们的优先次序。组织、产品、关系和服务这些以往的小众市场，现在都找到了大众市场。

人们愿望的巨大转变正在改变着我们买什么、怎样买、从哪里买、为什么买和买多少。我们从共享自行车、小汽车到在我们家中与他人共享住处，共享似乎无处不在。我们可以轻松地买卖手工制品。杂货店现在销售更多的本地产品和有机食品，农产品集市在全国层出不穷。

在过去十年中，社会创新成为大趋势。许多专门针对这个话题的会议和杂志，许多的顾问和企业家也在帮助个体和公司适应这种新的运作方式。在奥巴马总统执政期间，白宫专门设有社会创新和公民参与办公室。

打开几乎任何一份报纸、杂志或畅销书单，你会发现人们在浏览顺序方面有较大的变化。随之诞生的是专门报道社会问题解决方案的众多媒体，诸如"解决方案新闻网"（The Solutions Journalism Network）和GOOD。还有一些有影响力的出版物，从《快公司》（*Fast Company*）到德国的《资本》（*Capital*），他们都把焦点从单纯的商业界转移到了更宽泛的商业和社会方面，这一切都促成一种全新的解决方案新闻业的崛起。甚至《经济学人》（*The Economist*）也进入了这一领域。

哈佛大学的教授和公司策略师迈克尔·波特（Michael Porter）发起了"社会进步势在必行"的倡议。这一倡议指出，全球指数所衡量的目标不仅仅是一个国家的国内生产总值，它还提供全球国家排名，排名的先后取决于这些国家能在多大程度上满足其公民对社会和环境的要求。为了衡量国家的进步，联合国的《普遍定期审议》（Universal Periodic Review）把焦点放在人权和社会影响力方面，而不仅仅只是经济因素，这只是类似努力中的一个。

职业方面也发生了巨大的变化，具体表现为：新领域研究的出现（比如积极心理学）以及新的猎头公司把焦点放于帮助人们找到有意义的工作方面。猎头公司诸如重来（ReWork）、入门（On-Ramps）、理想主义者（Idealist）和共同事业（Commongood Careers）（共同事业还用了一个非常吸引人的口号"为社会革新而工作"）都干得有声有色，一派繁荣。还有一些书籍，比如亚当·格兰特（Adam Grant）的《给予与索取》（Give and Take）以及马丁·赛利格曼（Martin Seligman）的《持续的幸福》（Flourish），这两本书不仅重新定义了是什么驱动了员工的参与度与生产力，而且也重新定义了什么可以提高员工的幸福感。这些新的观念激励着人们对管理和事业采取不同的策略和方法。这个国家最优秀的人才都纷纷申请加入这些公司，例如为美国而教（Teach for America）公司已经成功经营十几年之久。

像美国全食超市（Whole Foods Market）的约翰·麦基（John Mackey）、维珍航空（Virgin）的理查德·布兰森（Richard Branson），他们走在目的经济的前沿，是领头人。让其他人也敢于接受时代的挑战来创建新的构架来妥善经营，做有益的事，这使商业社区更上一层楼并且把成功的理论转变为行动。理查德·布兰森发起了B计划，这个计划的目标是：超越传统公司的社会责任，去拥抱他们所称谓的B计划："在盈利的同时考虑到人和地球。"约翰·麦基和他的团队倡导一种新型的经营模式，他称之为"自觉资本主义"（Conscious Capitalism），他的书也用了同样的名字。

目的经济下的商业案例一直都有很清楚的文献记录和研究。由拉杰·西索迪亚（Raj Sisodia）、戴维·沃尔夫（David B. Wolfe）和杰格·沙思

(Jag Sheth）2013年所做的目的驱动型公司的研究发现：目的驱动型公司的业绩是标准普尔500指数（S&P500）的四倍。

大公司也表现出了一种趋势，他们正在采用一种新的、以目的为核心的框架。一些最传统的公司，像德勤会计师事务所（Deloitte）和百事可乐（Pepsi）已经开始尝试去做了，因为他们的领导者认识到：尽管他们不能在一夜之间突然做出改变，但可以设立一个长远的愿景，把目的作为优先考虑的事情。鉴于此，他们已经积极且谨慎地朝那个方向迈开步伐了。百事可乐的执行总裁卢英德（Indra Nooyi）已经定下了他们的目标就是"绩效与目的相结合"，他们开始把"健康的吃"和环境作为他们成功的核心。德勤会计师事务所是一个在全球有二十万员工的咨询公司，他们意识到成功的公司一定是"能够敏锐感知其所服务的客户、雇员、社区或其他群体的目的并能够满足这些各样的目的"，他们优先去发展目的文化，把这些目标融入公司的核心活动中。

事实上，大多数的执行总裁现在都能够看到目的正在成为经济的新的驱动力。他们明白只有认识到目的对于雇员、客户和顾客的重要性才能够有竞争力，才能使自己的公司立于不败之地，不被淘汰。

2016年世界经济论坛（World Economic Forum）公布了一项由普华永道（PwC）做的调查，调查结果表明：执行总裁们看到目的经济可能会在2020年达到一个转折点，消费者市场对于目的的需求会增长将近300%。这种需求意味着消费者越来越少地把重点放在成本、便利和功能上，他们会在做决策时更多地考虑如何能满足增加生活意义这一需求，购买产品和服务时也会去满足这一需求。

即使是摩根·斯坦利（Morgan Stanley）最近也进入了这一领域，他宣布斥资几十亿美元成立用于可持续性投资的机构。金融业也做出了调整以适应这一新经济形式。美国有几个州开始尝试发行社会影响力债券，其他州开始尝试采用新的治理结构来解决一些组织的融资需求，这些组织很难归入商业或是非营利这样的范畴中。

与几十年前的技术非常相似，目的现在已经成为商业上的势在必行。在当今的世界，经营一个组织而没有强调其对于雇员和顾客目的的重视，就如同在 20 世纪 90 年代早期经营一个组织却不去投入和使用技术一样。

当然，这一点都不新奇。在连锁店出现之前很早就有了农贸市场。在 20 世纪中期以色列就出现了社会影响力债券。在 20 世纪 60 年代，美国和欧洲出现了几个大规模的集体所有权的尝试。《琼斯妈妈》（Mother Jones）杂志对于社会问题和影响的报道已经有几十年之久。但是我们所看到的是那些活动的加速和商业化，由新形式的资本所推动，把这些方面的发展从边缘推向主流。我们现在接近转折点，目的经济已经发展得足够成熟，并开始从社会边缘走向美国经济的核心，而且越来越多地走向全球各个国家。

什么是目的经济

目的经济是一种人们和组织注重创造价值的、新的环境以及新的做事方式，它定义了创新和成长的组织原则（图 1.1）。以前的三种经济每一种都是当时时代环境和一系列条件所催生的产物，并且极大地改变了市场的运作方式。目的经济是由人们的追求限定的，人们想要在生命中有更多的目的。在这种经济中，价值存在于通过以下三种方式为雇员和顾客建立目的：服务比自身需求更为宏大的事业、帮助个人成长和建立社区。

目的作为经济中新的组织原则的这一改变是我们这个时代的杰作。它取决于现今在人类发展史中所处的位置：我们当今的文化、价值观、教育、技术水平、社会组织、政治现实和我们自然环境的状态。在过去几十年中我们世界的每一方面都经历了巨大的转变，如今这些转变汇聚在一起又催生出一系列足以改变社会运作方式的组织原则。

我们可以从日常生活中的许多小事上看到以各样的形式发生的这些变化，比如我们吃的食物和我们购物的地方。这些变化影响着我们的生活和工作方式，并通过为自己和他人创造有意义的价值，使人们拥有更富和有成就感的职业生涯。

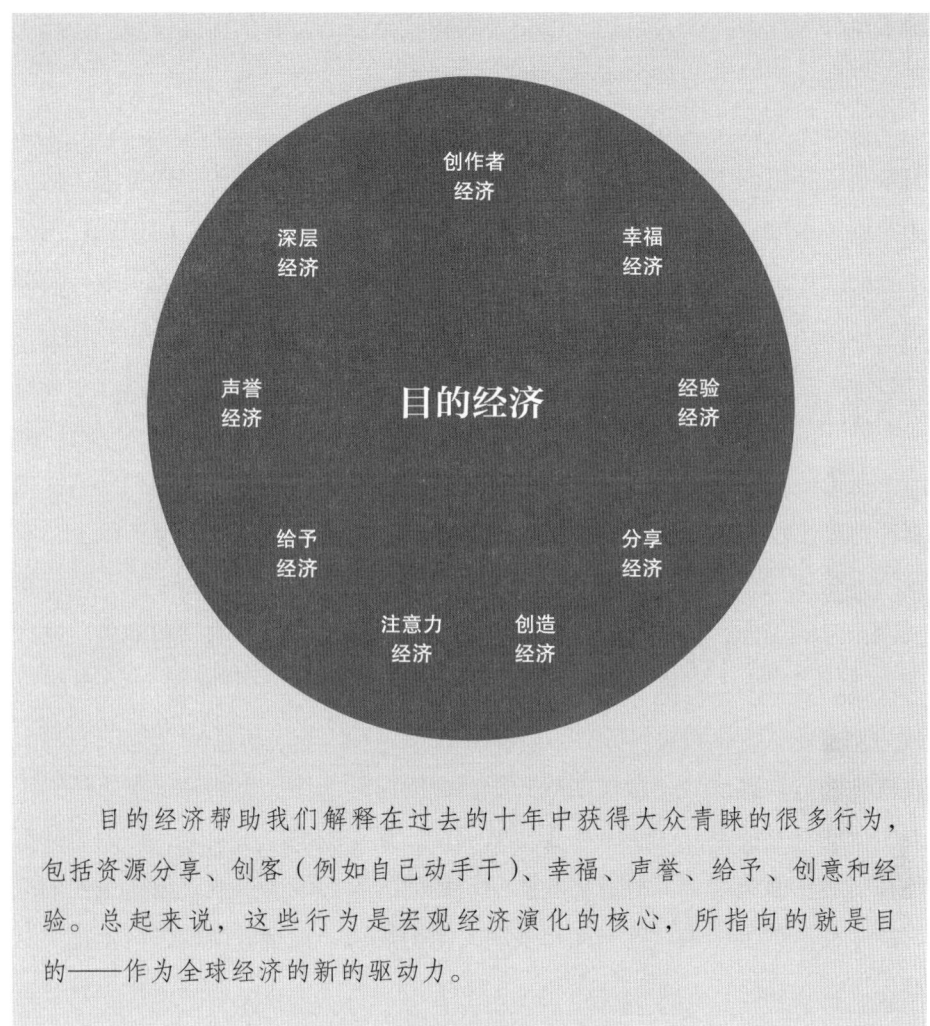

目的经济帮助我们解释在过去的十年中获得大众青睐的很多行为，包括资源分享、创客（例如自己动手干）、幸福、声誉、给予、创意和经验。总起来说，这些行为是宏观经济演化的核心，所指向的就是目的——作为全球经济的新的驱动力。

图 1.1　目的经济：社会运动和市场的融合

目的的三种类型

理解目的经济的关键是要去理解人们是如何为自己设立目的的。目的的定义和本质经常被人们误解，依据那些申请加入主根基金会的专业人士调研结果可分为三类：个人目的、社交目的和社会目的，它们相互作用。总起来说，它们代表了目的经济所要满足的需要。

沃伦·布朗（Warren Brown）、克里斯廷·阿什（Kristine Ashe）和凯特·阿特伍德（Kate Atwood）在他们的事业中都曾经历了转折点，他们决定要做出改变，要增加生活中的目的。为了实现这一需求，他们各自创建了新的组织，虽然各自都是受不同目的的需求所驱动。以下所记录的他们的故事可以帮助说明转变经济的三种目的类型。

个人目的——成长

沃伦·布朗是美国100多万名律师中的一员。正如他所描述的："我的真理时刻出现在一个周五的深夜，那时我还在从事法律工作。那天晚上，我在为办公室的一位高级经理制作蛋糕，我想把它做得更漂亮一些。"他很擅长做自己的工作，但是那仅仅是工作而已——他真正热爱的是和他的朋友们或是为他的朋友们烘焙蛋糕。起初的爱好变成了一个面包店：爱蛋糕（CakeLove），后来又有了一个咖啡店：爱咖啡（LoveCafe）。他的面包店和咖啡店都极其成功，最终他辞去了自己的律师工作。然而，仅仅几年的工夫，沃伦就变得不开心了。尽管他做了自己喜欢的事，事实上，他的时间都花在了经营面包房上。他最喜欢的就是和他的顾客谈论蛋糕并做出令他们惊喜的各种新奇蛋糕来。这一切都表明，他的热情一直是做蛋糕，而不是经营面包店。

沃伦在明白了正在做的事和想做的事两者的差距后，他雇了一个经理来经营他的生意，以便重新把精力投入到烘焙上，并且寻找新的方法去创作各式的蛋糕。他和顾客谈论他们喜欢的东西，他发现尽管他的顾客都确实喜欢蛋糕，但是却很难吃得干净又整洁。经过一些小小的尝试与失败，他找到了一个解决办法：迷你蛋糕（Cake Bites），装在迷你杯里的小型蛋糕。迷你蛋糕推出后一炮打响，不久沃伦就把它们销售到了全食超市，生意蒸蒸日上。沃伦跟随自己的热情，不仅发现了深远的目的，而且能够在这一过程中建立起一项大生意。"活在我的热情中，我一醒来就精神抖擞，全力以赴。

我精神上非常充实——准备好了也愿意投身到每天从烘焙中所得到的那份满足。"热情是目的的关键要素。

对于沃伦来说，对目的的追求是非常个人化的。它起源于自己意识到的一个问题，沃伦培养自己的自我意识去明白需要做出什么改变，为了成长，他逼着自己做出必要的改变。我们这一代人也是这样。当我们做自己热爱的事情时，我们发现了目的，尝试新的挑战并向这个世界传达我们的想法。

> 关于个人目的的范例，没有比 Etsy 的非凡成功再好的例子了。这一手工艺品交易网站上有 100 多万名艺术家和创客卖他们的作品。在短短五年之中，Etsy 使得成千上万的专业人士辞去他们的工作，转而从事对他们更有意义的工作。据公司报道，现在纽约 Etsy 上的卖家比出租车司机还多。通过创造对手工艺品的需求，从珠宝到艺术到家具，Etsy 使更多的人成为手工艺者，去做能表现自己且带来成长的工作，它使这一切有了商业可行性。

社交目的——关系

克里斯廷·阿什的家庭成员分散在全国各地。她渴望着能与他们一起分享生活，但是她知道除非人为创造机会，否则这是不可能的。尽管她对农场或酿酒几乎一无所知，克里斯廷还是决定买下一座葡萄园。

与沃伦·布朗和他的烘焙手艺不同的是，克里斯廷的梦想不是去酿酒，而是创建一种商业模式，能把全家人聚到一起并建立共同体。葡萄酒行业的进入门槛相对低一些，在酿酒中需要有强大的共同体指导——需要仰赖邻舍的帮助。她的愿望就是这会是一个最终把她的一家人聚集到一个地方的办法，所有人都可以在葡萄园里工作。这项经营会以共同体和关系为核心。

令人瞩目的是，她的梦想实现了。克里斯廷在她家周围经营葡萄园，建立了一个农场，这样可以使孩子们与她一起工作，并且能都在她身边。她的大家庭里的其他人也都和她一起来经营，这是她从不敢想象的。她的姐姐搬到了农场,她的姐夫现在是葡萄园经营的领导者。她的父亲甚至还创建了葡萄园的网站。

克里斯廷决定把葡萄园命名为 Entre Nous,这是一个法语词汇,意思是"连接我们"。克里斯廷解释说她创建葡萄园的动机就是:"在这个总是让人感受到冷漠的、没有人情味和不耐烦的世界中,我们之间的连接能给我们带来最大的喜乐、最高的激情和最真实的满足。"酿酒工作是值得做的,这给了她充分发挥自己才能的机会,但是真正有意义的并给了她目的感的是她能够和自己所爱的人们一起工作。

研究表明:目的不是独角戏。科罗拉多州立大学的迈克尔·斯蒂格(Michael Steger)创建了一个研究意义和品质生活的实验室。在对 25 万余人进行的研究中,他发现了这样的证据:克里斯廷所感受到的适用于更广泛的层面。当我们谈及生活的意义时,对于人类而言,人际关系要比其他任何事情都更加重要。因为人际关系增强了我们的价值感,要求我们去参与并最终帮助我们成长[1]。

> 我们经常通过社会交往发现目的。这就是脸书(Facebook)和其他像 Tumblr、YouTube 这类社交媒体网站能够成功的重要原因。他们所做的就是在网络上搭建了一个平台使人们可以向他人表达自己的感受。尽管在目的性方面,社交媒体没有与朋友面对面交流那样强,但它仍然可以为我们提供一个平台去与他人分享我们的旅程,这也使我们生活中的目的放大了。社交媒体结合了个人目的和社交目的——大概这就是它日益受人们欢迎的原因吧。

社会目的——影响力

当纳斯卡(美国运动汽车竞赛协会,NASCAR)的凯特·阿特伍德

---

[1] "Does Life Need Meaning? CSU Tackles Ultimate Query." *The Denver Post*. N.p., n.d. Web. 01 Jan. 2012. <http://www.denverpost.com/lifestyles/ ci_19754476>.

（Kate Atwood）被邀请到一个度假营为那些失去父亲或母亲的孩子们讲话时，她没有意料到她的生活和事业轨迹会发生改变。但是，当她发现自己站在几百名孩子面前讲起她在12岁那年母亲因癌症去世时，事情发生了转变。这是她第一次分享她的故事。"截至那天，母亲的去世是仅关乎我自己的事。"凯特和我分享说，"那天以后，我知道这件事不仅对我有意义，分享它可以影响到更多人。"

那晚，一个10岁的女孩子轻轻拍着凯特的肩头，问她，"你是凯特吗？""我是。"她回答。这个女孩子就接着跟她讲述了在一次车祸中失去父母的事。"直到今日，我都认为是那一刻使我第一次明白了目的的力量。"她跟我解释说。

"两年后，在22岁的花样年华，想要去找到生命中目的的渴望又引导我走进老板的办公室，我向她说明我要离开公司，要去给那些失去父母或兄弟姐妹的孩子们创建一个非营利机构。"凯特离开纳斯卡创建了凯特俱乐部。在随后的10年中，她的俱乐部不断发展壮大，成为亚特兰大一个很好的社区，专门引导那些失去父母或兄弟姐妹的儿童和青少年。凯特俱乐部使她的人格魅力表现了出来，她既是一个失去母亲后经历艰难存活下来的人，也在年幼时明白了悲伤会改变她的生活，但不会使她走投无路。她明白了如果你能够用自己的经历去勉励和安慰别人，那么最黑暗的时刻可以成为你最大的礼物。

目的最强有力的来源来自这一观念：目的来自我们明白我们所做的事对他人、对社会，以及对我们自己来说都是重要的。从日常生活中所做的那些平凡细微的选择到系统性和历史性的影响，我们努力为我们赖以生存的世界的安乐做出贡献。社会目的不仅仅局限于志愿者服务和慈善，或者是投身于教育事业和社会工作。当然以上的这些经常会给人以目的感，目的感也可以来自我们的消费决定，从减少碳排放量到在当地农贸市场购买产品。我们也可以从日常工作中、从帮助自己团队的人们、从为消费者提供产品与服务这些事情中发现目的。

> 净七代（Seventh Generation）是生产清洁用品、婴儿与女性个人护理品公司，它的目标是：生产的产品对空气、对皮肤、对衣料、对宠物、对家人来说是健康和安全的，对于社区和环境也是安全的。净七代公司于1988年成立，它是第一家围绕产品创造和服务建立环保品牌的成功公司之一，以帮助消费者更好地关怀地球。毫不夸张地说，投资环境的可持续发展意义重大。通过产品惠及大众，净七代使人们能够关爱他们的家人和居住环境，这使得保护环境的目的成为他们生活的一部分。

从根本上来说，目的经济就是为人们创建目的。它满足了人们对于自我发展、参与社区以及做出一些远超自我从而带来更大影响的举措的迫切需要。这听起来有一些不现实，但是几乎在各个行业和所有文化中都有证据表明：这一转变正在进行。信息经济，在过去的大约50年间驱动创新和经济增长，是全球经济发展历史上最近的飞跃。我们现在处于另一个巨大飞跃的过程中。

第二章 经济的演变

我们时常会遇到这样的情形：一篇博士论文不仅别人会去读，而且能够为该领域的研究带来巨大影响。正如我在早些时候所提到的，我的叔叔马克·博瑞特1977年在斯坦福大学研究经济时所撰写的论文就是这样的。在长达9章的博士毕业论文《信息经济：定义和测量》中，他提出了"信息经济"这个术语，并提出自从20世纪中期以来已经开始出现向信息经济的巨大转变[1]。他把我们历史上一系列的事件都联系起来，看到了第三次经济的兴起（图2.1）。现在，由信息经济所创造的条件和工具也正在帮助目的经

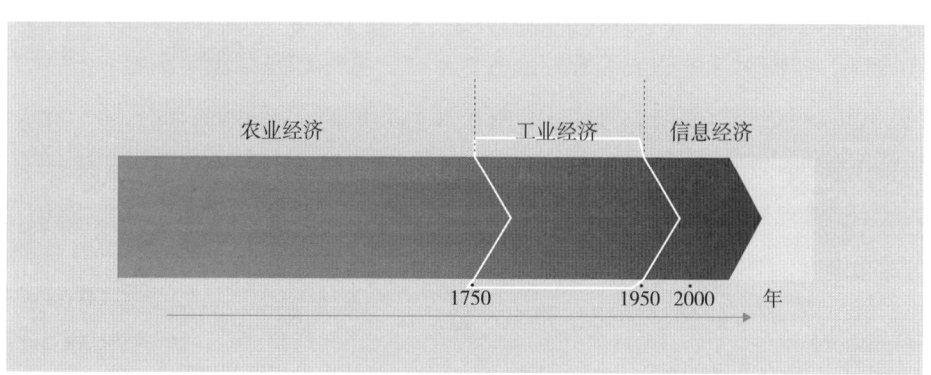

图2.1 经济的演变

---

[1] Porat, Marc. *The Information Economy: Definition and Measurement.* Rep. Washington, D.C.: Superintendent of Documents, U.S. Government Printing Office, 1977. *Eric.ed.gov.* Web.

济实现兴起。

这就是经济演化的必然本质：一种新的占支配地位的经济是从以前的占支配地位的经济的基础上成长起来的，尽管新经济并不会完全取代前者。它是以原来的经济为基础建立起来的并且能够很好地补充原经济的不足之处，以一种全新的、不同的方式来解决问题和满足人类需要。

马克的博士论文非常详尽地总结了这样的内容：我们曾经是处于农业社会，种植小麦和玉米。随后我们进入工业社会，在工厂工作，生产汽车和飞机。在20世纪中后期，我们进入信息社会，将近一半的经济是建立在信息的转化、传输和使用方面。在我的叔叔提出他的观点之后的20年，美国63%的GDP是由信息经济所带来的[1]。

信息经济时代之前

马克的理论其实是更长的经济演化的续篇，这种经济演化始于最早的石器时代，跨越了一百多万年。自从有了人类历史，我们已经研究了无数的方法来提高和改善我们的生活，延长我们的寿命。直到大约1.2万年前，有了重大的飞跃。人们开始从游牧打猎转变为农民，开垦土地以提供更稳定的食物来源。我们因此就变成了农耕的劳作形式，繁荣和文化都是围绕农业的发展。当人们学习农事时，制作了更好的工具，创立了早期的农业科学。随着农业的发展与扩大，最早的乡村与城镇出现了。这一时期也标志着土地所有权、社会阶级和奴隶制度的开始。财富和自由与拥有土地和使之产量最大化密切相连。

下一个重大的经济演化也是与产量最优化密切相连，而且发生得更快。1712年，英国的发明家托马斯·纽科门（Thomas Newcomen）在英国发明了商业蒸汽机。它首先被用作水泵，尽管低效，但产生的能量相当于20匹马

---

[1] Porat, Marc. *The Information Economy*. Excerpt from Ambrosi, Alain, Valérie Peugeot and Daniel Pimienta, eds. *Word Matters*: multicultural perspectives on information societies. N.p., Nov. 2005. Web.

第二章 经济的演变

行走一圈所产生的力量，这在那个时代是一项突破性的壮举。更令人印象深刻的是伴随着第一次工业繁荣所带来的人类寿命上的巨大增长。1796年，人均寿命只有24岁，但是仅在100年以后，人均寿命达到48岁。

在工业革命期间，新形式的交通、通信和机械化生产的产品被发明出来，这使得世界上许多地方的生活更加舒适。这些变化带来了新的社会阶层和职业。许多行业需要越来越多的专业劳动力，通过扩大受教育的人群以满足对人才的需要，而且当人们从农场搬往工厂时，职业服务出现了，这可以帮助移民和年轻人找到工作。现代民主也随之出现。国际贸易繁荣将世界各地的文化连接起来。作为人类，我们的智力使得我们有能力使生物进化无关紧要——我们已经控制了生物进化过程并且得到了令人难以置信的结果。当然，所有成绩的得来都是以牺牲自然世界为代价的——污染和无数物种的大量灭绝。

> 长久以来，为了仅仅是物质财富的积累我们似乎放弃了社区优良的环境和社区价值。我们的国民生产总值——如果我们以此衡量美国——带来了空气污染和香烟广告，需要急救车去清理公路上的交通事故导致的伤亡。它也带来了特殊的防盗锁和将那些入室抢劫的人关进监狱。它造成了红木林的破坏和在杂乱无章的城市扩张进程中自然景观的损失。它可以使国家有钱去支付制造凝固汽油弹和核弹头的高昂成本，可以使警察们有能力开着武装车在大街上平息暴乱。它可以使我们有钱去制造惠特曼步枪和斯佩克刀具，可以有钱去制作那些为了卖玩具给孩子们而宣扬暴力的电视节目。
>
> 然而国民生产总值并没有给孩子们带来健康、高品质的教育或是玩乐的喜悦。它并没有丰富我们诗歌的优美或是给婚姻带来力量，也未能给公共辩论带来智慧或者是给官员们带来正直、诚实。它既无法衡量我们的才智也无法测量我们的勇气；无法衡量我们的智慧也无法测量我们

的学习能力；无法衡量我们的同情心也无法测量我们对国家的奉献精神；它所能测量的事情丝毫不能使生活更有意义和价值。它能告诉我们任何事情——除了一件：我们为什么因自己是美国人而自豪。

——罗伯特·肯尼迪（Robert F. Kennedy），1968 年

信息经济时代

在 20 世纪初期，经济所看重的是效益和产量，人们痴迷于建立更加快速和有效的生产方式。到了 20 世纪中期，市场由大公司和机构所控制和支配，带来了一种新的建立在一个组织内部等级和发展基础上的工作模式。工作中劳动力的功能划分越来越细。新兴的职业培训和职业学校被创建，以满足专业领域对于更加精尖培训的需求。组织越大，就要求专业性越强，对于通信和信息系统的性能就有更高的要求。社会需要更好和更可靠的信息来应对生活和工作。

在 20 世纪末 21 世纪初，布劳恩（Braun）和马可尼（Marconi）发明了无线电报，开启了我们向信息经济的转变。随着电报最终出现的是计算器、电视、计算机和因特网。我们曾处于信息商业中，当时最令人羡慕的就是拥有创造和操控信息的能力。人类再一次超越了生物演化过程，这一次实际上是使用我们的头脑，而不是体能，来增加我们思考能力。也就是说，我们开发了加速和机器化脑力劳动的方法。

随着现代技术的到来，劳动力也开始发生转变，逐渐脱离了工业经济的标准。我们不会再终其一生只在一名雇主手下工作。在一个特定公司工作的任期大大地降低，雇员平均干一份工作的时间只有四年半[1]。工作变得不稳

---

[1] "Employee Tenure Summary." *U.S. Bureau of Labor Statistics*. U.S. Bureau of Labor Statistics, 18 Sept. 2012. Web.

定，越来越少受组织结构的限制，市场对于劳动力的需求是全球的并且越来越虚拟化。从某种程度上说，我们都在成为自由职业者，给自己打工，在各个方面我们都面临很大的不确定性。

> 我们已经建立了新的偶像。古时对于金牛犊的崇拜已经以一种新的冷酷的伪装回来了——对金钱和独裁的没有人情味的经济的崇拜，缺少真正以人为本的目的。
>
> 在我们的时代，人类正在经历历史的转折点，正如我们看到的许多领域取得的进步。我们对于医疗保健、教育和通信这些人类福利方面的改善由衷地赞美。同时我们必须记住我们这代人中的大多数每日因经济发展所带来的各种可怕的后果而勉强度日。即使在所谓的富裕国家，许多人的内心也因多种疾病的蔓延而被惧怕和绝望所抓住。
>
> 生活的愉悦逐渐消失，人与人之间缺乏尊重，暴力事件不断上升，不公平现象更是日益明显。生活成为一种挣扎，并且常常缺乏尊严。这个时代的变化是由发生在科技方面的质上的、量上的、快速的和累积的进步所带来的，它们在自然和生活的诸多领域得到了快速的应用。我们处于知识和信息时代，这带来了新的且通常是无以名状的力量。
>
> ——弗兰西斯（Francis），2013年

后信息经济时代

由这些重大的结构变化所带来的不稳定因素也在2008年金融危机中表现出来，这一切要求我们要在自己身上而不是在雇主那里找到稳定性和未来的道路。这一转变在当代劳动者心中产生了意义和目的——是目的，而不是

事业的长久，在提供我们所需要的稳定。正如工作场所研究者保罗·哈通（Paul Hartung）和布赖恩·泰伯（Brian Taber）所描述的："不是让自己适应工作和准备好自己以从事某类型职业，现在的工作者越来越多专注于在工作中提升自身能力而不是在一个组织中向上爬[①]。"

这一转变带来的影响要超越工作本身。伴随着全球化和其他令人不安的变化（包括气候变化），更大范围的不稳定因素促使我们把目的放在生活的优先地位，即使是工作领域以外的其他方面也是如此。当人们寻求新的组织和寻求帮助指引他们生活的清晰答案时，这就激发了目的的产生，千禧世代的人认识到这个快速发展的世界和他们在其中波动不稳定的地位，也越来越多地围绕目的建立自己的身份认同感。

然而，这不是经济或社会的演变；这是我们如何操纵这个世界使它更好地满足我们的需要。每一种新经济都是在社会具有了一系列特定条件后逐渐演变出的，有特有的内在产品和生产方式。就如同在农业经济中的农民使用土地生长庄稼、饲养家畜，工业家从原材料中提取物质来生产能源并为新型的动力机器提供燃料。在建造越来越复杂的机器中积累下来的专长对信息经济的崛起至关重要。尽管计算机是由数学家艾伦·图灵（Alan Turing）构思出来的，却是由工程师去制造并使之走向商业化的。工程师也是许多新技术的先驱，这些技术构成了信息经济的基础，因特网的使用使之达到顶点。

当然，信息以及扩散和管理信息的需求都不再是新奇的事了。第一位老师出现之时就有了信息经济。1977年，在我叔叔写博士论文时，信息经济最值得注意的是其巨大的增幅以及其在总体经济中占据主导地位的速度。目的经济也正在经历相同的转折阶段。它的发展速度不断加快，现在已成为总体经济很大一部分的驱动力。

认为目的经济会很快使信息经济黯然失色的想法是不成熟的——毕竟，

[①] Hartung, Paul and Taber, Brian. "1. Career Construction: Heeding the Call of the Heart." In Bryan J. Dik, Zinta S. Byrne, and Michael F. Steger, eds. *Purpose and Meaning in the Workplace*. Washington, D.C: American Psychological Association, 2013. Print.

我们还刚刚进入"云"和移动计算的新时代。但是这也符合经济演变的历史规律。经济不仅是在一直演变中，而且演变的步伐也在每一次转变中加快。农业经济持续有8000多年的时间，而工业经济用了不到150年的时间就使农业劳动者的数量从90%降到了2%。

信息经济真正出现是在20世纪50年代，它不可能在未来的100年中一直占支配地位。它衰退的迹象已经浮现出来。风险投资家先驱威廉·德雷珀三世（William Draper Ⅲ）最近和我分享说：在过去的十年，新的信息经济投资的收益回报不如几十年前那样高了，因为大多数新的风险投资都是所谓的"跟风"。现在大多数风险投资家所收到的投资方案不是新的突破性的想法，而是对现有成功技术平台的有限改进或是开辟应用这些技术的利基市场，就如社交媒体、云服务、电子商务、"大数据"和游戏。

乍一看，当今许多热门的新公司，如Airbnb（一个旅行房屋租赁网站），看起来像是信息经济公司，但是从本质来说它们属于目的经济。正如我在本章第三部分所讲到的，它们的DNA是不同的。

我们从技术商和媒体那里经常听到的是信息经济才刚刚起步。硅谷和硅巷是世界上一些最为成功的公司的大本营，这里很多都是创业公司。但是我在这里的意思并不是说信息经济的演变会停下来或者是说在总体经济发展中它将不再是重要的驱动力量。我的意思是就发展方向来说，目的经济最终会替代它。实际上，我相信目的经济——像曾经刚刚出现的信息经济一样——已经占到了远比表面上看到的要更大的总体经济的一部分。

目的经济的体量

当我第一次从我叔叔马克的博士论文中了解到信息经济时，我认为官方定义信息行业的一系列产业和职业的体量已经超过了制造行业。即使是30年后，实际情况仍然和我当时想象的大相径庭。在2015年，美国国内生产总值（GDP）普查表显示信息产业在经济中只有5%的份额，而制造业占有

19%的份额。马克所提出的论点是基于更细致入微的观察。官方GDP的表格中，信息经济仅仅包括出版、软件、电影、录音、广播、电信、信息和数据处理服务（这在今天也是正确的），马克认为：总体经济中受到信息的生成、分析和管理所驱动的功能，产品和服务的范围要广大得多，从教育到风险管理，甚至到邮政服务。

马可提出我们需要扩展信息产业的定义，需要加入以下这些部门和功能：

- 知识生产和发明（私营研发和信息服务）
- 信息分配和交流（教育、公共信息、服务、电信）
- 风险管理（保险和金融行业）
- 搜索和协调（经纪人行业、广告业）
- 信息处理和传送服务（基于计算机的信息处理、电信基础设施）
- 信息产品（计算器、半导体、计算机）
- 部分政府活动（教育和邮政服务）
- 支持设施（建筑物、办公设备）
- 信息产品和服务的批发与零售行业

我们必须以类似的方法去分析目的经济。目的经济看上去主要是由非营利部门组成，但是应该包括更大的范围。如果我们只是看非营利行业，有趣的是我们注意到目的经济在规模上像更传统定义的信息行业。在2011年，目的经济占美国国内生产总值的5.4%。这代表着比十年前有25%的增长，但是还不能够将它描述为在经济中占支配地位[1]。但是如果仅仅把目的经济定义在非营利行业，就如同现今把信息经济仅仅描述为在硅谷所发生的活动。这样的计量方法将新经济在除核心部门外其他领域的影响排除在外。这

---

[1] "Interactive Access to Industry Economic Accounts Data: GDP by Industry." Burea of Economic Analysis.. N.p., 2015. Web.

两种经济所带来的影响远超出国内生产总值的统计，但是目的经济超越事实和数字，它抓住了一些更深的东西——人类心灵的渴望。

毫无疑问，非营利行业是目的经济的核心，但绝对不是唯一一个为人们提供服务来改善生活、激励个人成长和拓展社区的行业。目的经济影响到经济的所有部门，就正如信息经济已经带来和以后仍要带来的影响一样。图2.2 所示为 2010 年至 2020 年就业的预测性变化[1]。

目的经济的产出归功于许多不同的行业，有一些行业被马克归入信息经济中，是重叠的；比如，教育在 GDP 中占到了 13000 亿美元[2]。毕竟教育是目的经济中最重要的部门之一，但它也与我们社会中如何传输信息紧密相连。医疗保健行业占到 GDP 的 18%，应该被算在内，还有提高和改善我们生活的研究——像癌症研究、基因组学研究、太阳能和新的可持续材料。我们也应该把一些支持人们去表达自我和建设社区的典范加入进来；像脸书（Facebook）和 YouTube，他们在社交媒体领域每年能够有 200 亿美元的收入[3]。

政府项目也归于目的经济的评估准则之下，特别是在世界的其他地方，政府方面致力于完成以目的为基础的任务是很多见的。在美国以外的所做的研究中，我发现每个国家对部门和行业都有不同的定义。我们在美国所认为的非营利行业在绝大多数国家并不真正存在。例如在丹麦和英国，非营利行业的许多功能都是由政府机构或商业实体来实现的。

正因为如此，由于不同国家的行业之间不能够准确恰当地契合，联合国和其他全球组织很难找到创建国家间连接的方法。为了有助于建立连接，联合国公民社会不得不对各种活动进行明确定义，而不是定义一个特定的行业，这样能够进行跨国比较。他们最终把民间社会组织分为两组：服务型和表现型。服务型的活动包括住房、社会服务、教育和医疗保健。他们把表现型的活动定义为宣传、艺术和文化、运动和娱乐以及兴趣的体现。所有

---

[1] "The 2011 Statistical Abstract." *Gross Domestic Product (GDP)*. United States Census Bureau, 2011. Web.
[2] "The 2012 Statistical Abstract." *Gross Domestic Product (GDP)*. United States Census Bureau, 2012. Web.
[3] Sutton, Mark. "Social Media Revenue to Reach $16.9bn." *Http://www.itp.net*. N.p., n.d. Web. 13 Sept. 2013.

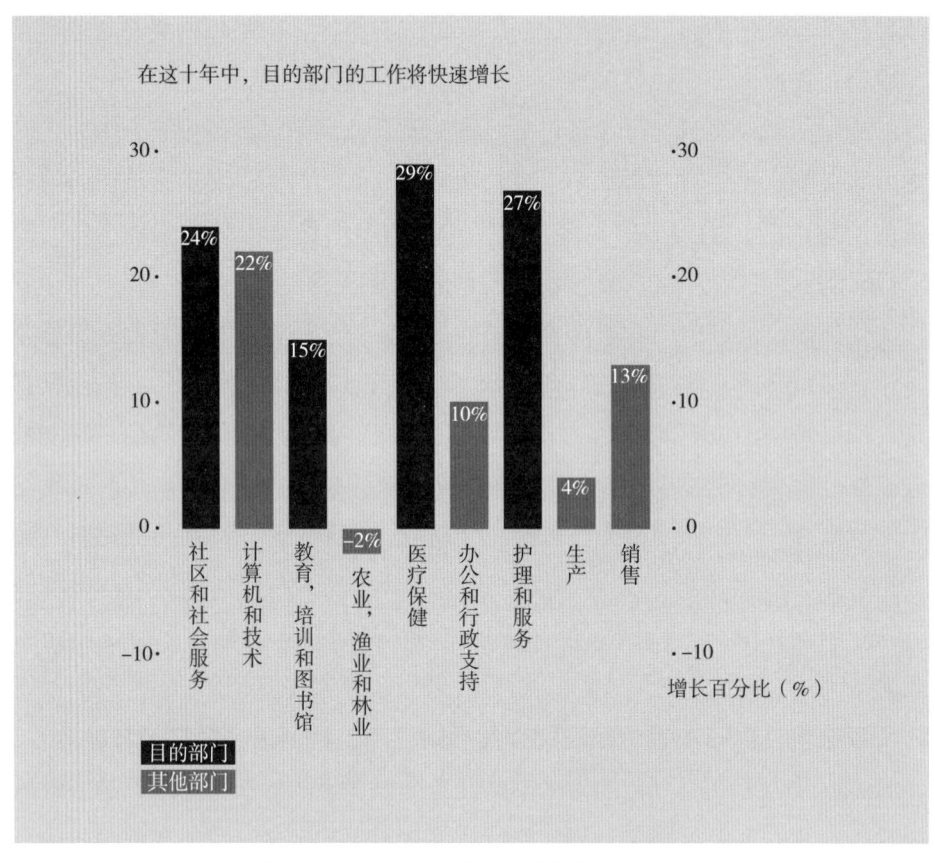

图 2.2 2010—2020 年就业的预测性变化

在这十年中,目的部门的工作将快速增长

部门	增长百分比
社区和社会服务	24%
计算机和技术	22%
教育,培训和图书馆	15%
农业,渔业和林业	-2%
医疗保健	29%
办公和行政支持	10%
护理和服务	27%
生产	4%
销售	13%

来源:BLS 职业展望部门

这些活动,不管它们归入哪一个行业或部门,都构成了目的经济的一部分。

目的经济增长也体现在其他方面。健康和可持续性生活方式(LOHAS)市场在五年内翻了一番,达到 6000 亿美元,涵盖了以健康和健身、环境、个人发展、绿色生活和社会公义为核心的产品与服务。点对点或共享市场估计现在有 260 亿美元[①]。

这个新的市场包括从共享自行车、共享汽车到共享房子一切的事物。在 49 个国家的 500 多个城市中有共享自行车的项目,大概有 50 多万自行车

---

① "The Rise of the Sharing Economy." *The Economist*. 9 Mar. 2013. N.p. Web.

已经投入使用①。像Etsy和Airbnb这样的新的线上市场开始席卷创客和地方市场。在2015年，Etsy的销售额超过23.9亿美元，农贸市场成为食品行业成长最快的部分，在过去十年中翻一番②。

可持续性是新经济的主要市场。为后代人健康和幸福的投资是为远超过我们自身的伟大愿景而服务。在许多种情况下，它需要我们为了长远地帮助别人而放弃眼前的利益。

绿色建筑的发展正在蒸蒸日上。绿色建筑材料在全球带来了1160亿美元的经济产值，这一数字预计会在2020年翻一倍多。在非居住性建设方面的机遇特别大——截至2015年，这一方面占建筑市场的一半，达到1200亿美元③。可持续性发展的驱动力也引领着能源市场，这涵盖风能、太阳能、地热能、水能、生物质能和生物燃料，在2015年所有新增发电产能中有68%是为生产这些环保型能源④。

然而，有一个领域明显滞后，那就是教育。在过去十几年中，美国在教育方面进行了大量投资，像比尔·盖茨（Bill Gates）和伊莱·布罗德（Eli Broad）等优秀人才，致力于破解学生成功的密码，投资和支持教育。我们看到政府特许学校，将科学技术应用于课堂，有机午餐和其他几十个实验的蓬勃发展。有的表现出了发展的潜力，但是许多创新者的共识为：这一领域需要的是革命式的创新，而不是温和的具有演化特点的创新。当今美国在教育地位上的国家排名无法达到前三十，我们的医疗保健成果也更加糟糕。尽管许多部门在目的经济中繁荣发展，有一些行业却远远落后了。

与目的相连的那部分经济将会持续增长，因为公司在经营上更多地致力于创立目的，因为有更多的创新性组织被创建，比如非营利和营利的混合公司。信息经济也是这样。信息经济的领袖，像惠普公司和IBM，开始都涉足制造业，生产用于存储和管理信息的硬件。现在我们看最初的目的经济先驱

---

① Larsen, Janet. "Plan B Updates." *Earth Policy Institute*. N.p., 25 Apr. 2013. Web.
② Ali, Fareeha. "Sales on Etsy.com Grow Nearly 24% in 2015". Internet-retailer.com. 25 Feb. 2016. Web.
③ "Navigant Research." *Navigant Research*. N.p., n.d. Web.
④ Ryan, Joe. "A Renewables Revolution Is Toppling the Domance of Fossil Fuels in US Power." Bloomberg.com. 3 Feb. 2016. Web.

者都利用了信息经济的平台；脸书（Facebook）就是一个绝佳的例子，它使大量的人们能够自我表达和建立社群。众筹平台Kickstart为艺术家们所筹集的资金要比全国艺术捐助基金会提供的还要多，这是另一个绝佳的例子。

随着信息经济的崛起，大多数公司最终在日常经营和产品中接纳了信息驱动的系统和工具，比如汽车中的定位追踪监控（GPS）和制造业中的机器人。直到底特律的汽车业真正接受信息经济，它才能够发生转机。但是即使这些公司采用了信息经济的惯常做法，他们还是无法成为像甲骨文（Oracle）或微软（Microsoft）这样的信息经济核心公司。

许多公司在短期内没有目的也会存活下来，甚至会走向繁荣，但是随着劳动力市场的转变和消费者喜好的变化，长远来讲没有目的的公司的经营会变得越来越艰难。大多数公司和组织不会是纯粹的目的经济公司诸如Etsy，但是他们会大大地改变他们的做法，正如他们在上一次的经济演变中所做的一样。在发达国家中，大多数人的基本需要，比如生存、住房和信息，都能得到满足。因此，我们从农业经济、工业经济和信息经济发展到了目的经济，我们有条件去满足更高层次的需求：意义和目的。这些需要的满足不仅能够丰富我们自己的生活和延长我们的寿命，而且能够使我们星球上每个人享有长期且丰富多彩的生活。

第三章　新经济的十大驱动力

如同先前出现的每一个经济模式，目的经济自然也优于其前身。不仅仅是因为信息经济所造就的惊人能力，更由于其派生的正负溢出效应，才令目的经济的出现成为可能。在工业经济时代，我们也看到了诸多新经济的前兆，而这些在我们身后至少一百年后才成为社会的核心。但最终，环境中的一系列特殊要素和关键推动力，催生出目的经济，并引领它茁壮成长。

人性化科技

> 技术在过去十年的发展使得我们能够从网上生活到网上找到目的。

20世纪90年代，我在硅谷工作的时候，人们才刚刚意识到互联网有可能商业化。多数的创业公司只是集中在如何将用户从线下引导到线上、建立品牌和抢占市场份额。至于如何将市场份额变现仍是未来的问题。公司所考虑的是如何将现有的业务或市场从线下转至线上，并提升效率。创新只是关于如何将线下的业务，放置于线上。

在2013年秋天的出版物上，领英的创始人里德·霍夫曼（Reid Hoffman）做了一件伟大的工作，将互联网的第一阶段进行了汇总。他解释了最初的网络如何帮助人们通过二维目录搜索信息并实现交易。例如：《费城调查》（*Philadelphia Inquirer*）就将它的分类文章放置到网上，供人们搜索查询。花旗银行可以使他们的客户通过线上付款。网络的功能围绕着一个核心，即为用户提供信息①。

之后互联网的第二个阶段到来，用户网络成为解决方案的核心所在。现在，用户可以通过网络进行搜索和交易。我们不仅可以搜索《费城调查》的分类文章，而且可以使用 eBay 了解卖方的信誉，进而搜寻商品和进行交易。不仅可以在线通过花旗银行付款，我们还可以使用贝宝（Pay Pal）在用户之间通过网络实现买卖。领英就是互联网发展第二阶段中的一部分，它对上一代求职网站诸如 Monster.com 进行了改良，使用户能够通过职业关系网获得就业机会。

谷歌同样是建立在互联网 2.0 之上，它不仅仅是搜索网页而是更进一步使用户能够通过彼此的联系而获得信息。信件变为电子邮件（线上信件），电子邮件变成推特（网络信件）。见面交谈变为在线讨论，最终成为众包平台。

社交媒体是互联网 2.0 时代的核心，通过帮助人们在线上从消费者向创造者的转换，社交媒体推动了网络第三阶段的出现。它点亮了我们的集体想象力，畅想如何将科技更好地用于自我表达、社区构建和社会服务。一如我们的生活变得愈加公共化，我们的个人品牌意识与日俱增。因此，现在更多的人可以通过各种媒介来看到我们的活动、人际关系网以及观点，而更高层级的社会透明度，已经创造出了展示激情自我的无数新途径。这种展示的热情很大程度上说明了我们生活中富有目的。我们可以炫耀影响力和恻隐之心，展示创造力和表达力，我们可以组建一个大型社区以彰显我们社交方面的卓越能力。

现在我们又看到互联网 3.0 的横空出世。互联网 1.0 带领我们走到线上，互联网 2.0 通过网络创造了新的价值，现在新一代的网络正在提供人性化的解决方案。这些由千禧世代创造出的新模式，利用互联网技术，借助人际关系的力量，使我们自己、彼此之间和社会群体得以再次联结组合。互联

---

① "Infographic: Freelance Revolution in America—1.7 Million Job Openings in 2011 and Counting." *PRWeb*. N.p., 26 Oct. 2011. Web.

网创造了一个崭新的平台，使我们能够轻而易举地找到人、产品和服务。在某种程度上，我们能够随意再造一个村落——而且这一次，我们不再受限于地理空间和社会分层。图 3.1 所示为互联网的发展过程。

在科技突飞猛进前，工作和消费更多地局限于个人。我们直接从当地社区他人处购买当地出产的食物和产品。我们和邻舍分享资源。旅行时，我们就居住在当地客栈或正好有空房出租的陌生人住处；我们读着当地作者撰写

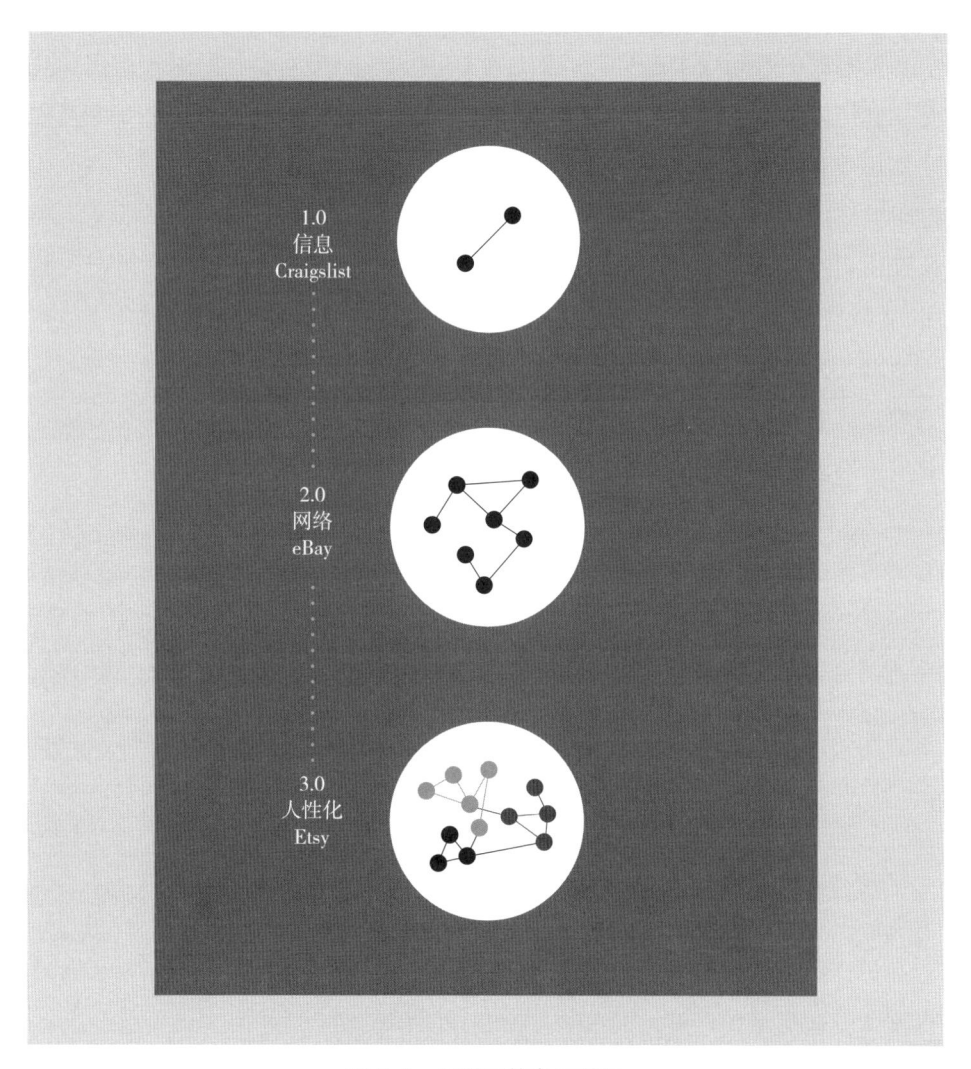

图 3.1　互联网的发展过程

的地方报纸。以此方式，供应商知晓是谁在使用他们的产品和服务，消费者知道了是谁创造了他们使用的产品和服务。

工业经济和信息经济都依赖于规模和效率。商业是急功近利的，基本全部关注点都是如何获得市场份额，开发增加利润空间的体系。其结果就是，销售大规模生产的商品并且把其雇用员工的劳动力看作是一种商品，这样的大型企业遍地开花，显著增长。为了更趋高效和优化规模，公司在提供产品和服务的过程中缺失了人文关怀。

我们正在看到一个趋势，即人性化的回归——借助科技，这一次是优化而非恶化，第三代网络为我们再次提供了众多人性化市场。现在，我们可以分享轿车和自行车，在他人家中而非旅馆度过夜晚，购买手工商品，用3D打印机打印自己的产品。我们能够找到自家小区内其他住户提供的服务，阅读到由自家小区邻居所撰写的博客，从志趣相投的人们那里而非银行借到钱。科技曾一度创造了巨大的使我们感到窒息的市场，今天它也催生了这样一个以人为本的市场，它使人们在工作和生活中寻求意义和目的的需求得到了满足。它的体量适中（right-sizing），而体量适中这一术语也曾被大企业用于形容通过降低成本、裁员或者重组来重新构建其商业模式。

> 从TaskRabbit到Upwork，科技正在改变着我们能够营生的方式，同时也改变着雇主对雇工的认知。在美国1400万个体经营者中，超过17%的人认为，他们是独立契约者或自由职业者。受雇于多个雇主的个体经营者主要集中在销售、信息科技、创意服务、营销和运营领域。随着X世代（译者注：X世代即出生于20世纪60年代中期至70年代末的一代人）和千禧世代（译者注：20世纪80年代和90年代出生者）成为新的劳动力大军，这一代（乃至更老者）中更多的职业人士开始寻求改变现有的生活方式。他们借助互联网3.0的科技力量，来做更具意义的工作，从炫目的3D打印到机器人，再到大数据，所有这些再加上科技的进一步发展，将加速时代的巨变。

马斯洛千禧世代效应

> 尽管历代人们都追求人生的目的，但千禧世代却比以往的人们更为重视拥有人生目的这件事。这种优先级体现在这一代人的消费、工作、社团和人际关系等方面。

阿瑟·伍兹（Arthur Woods）是 2010 年乔治城大学的毕业生，当他从谷歌得到一个工作岗位时，顿感欣喜若狂。按照福布斯的统计[1]，这是大学毕业生们最为渴望的就职单位。他听过许多谷歌员工故事，很喜欢谷歌的企业文化，尤其是在谷歌每位员工都可以将 20% 的工作时间用于自己喜欢的公益项目。在建造良好基础、获取信息和人际联系事务上，谷歌是健将级的。尤其值得称道是，那些勇于面对困难与挑战的雇员都获得了良好的回报，而非由于大胆的创意遭受处罚。

毕业时，阿瑟已经创业，并成功建立了一个叫作指南针联谊会的非营利机构。这个机构贯穿全国，覆盖了 18 所大学。谷歌愿意为阿瑟提供所需的公司职场经验，使其保有创造力和企业家精神。阿瑟在谷歌拥有半自治和流动性强的职位，为其提供机会来推动社会进步并影响世界。通过直面挑战并借助于拥有的强大团队，阿瑟可以取得更加耀眼的工作成效。

加入谷歌后，阿瑟发现了现实的迥然不同。与拥有成千上万雇员的其他公司一样，对于为年轻员工在组织内部提供有意义的机会和充分发挥员工能动性这件事，谷歌心有余而力不足。虽然阿瑟的工作地点位于硅谷的谷歌总部，但他的工作难度就跟一位在无名办公楼群公用事业公司客服中心的员工没有什么两样。该岗位每周工作 30 个小时，主要处理一些机械性的事务。

---

[1] Anders, George. "The 20 Most Desired Employers: From Google to Nike, Accenture." *Forbes*. 11 Oct. 2012. Web.

剩余的时间，都是花费在讨论这些机械性工作的会议上；几乎没有发挥创造性的空间和明确的工作目标。唯一的区别就是，阿瑟的同事们也都是成就非凡的优秀人士，在开始工作前他们都与阿瑟一样，对在谷歌的工作生活有类似的预期。

阿瑟的社交能力很强，于是他开始动用人际关系网去结识 YouTube 部门的同事，并且开始为他们做些志愿工作。经过了为期 5 个月的艰难申请，YouTube 部门终于为他创设了一个职位。阿瑟是千禧世代劳动者的一个典范：充满企业家精神，雄心勃勃且擅长社交。千禧世代作为目的导向性的一代人而闻名。这一代人越来越多的以其对改变、成长和与世界分享其热情的愿望而闻名[①]。

亚伯拉罕·马斯洛（Abraham Maslow）通过著名的金字塔模型阐释了人性的动机（图3.2）。其中，生理需求是基础，其他比如自尊、创造性展示会随着更多基本需求得以满足，就成为人们更为关切的诉求。这些更高的诉求被千禧世代淋漓尽致地表现了出来。这是宏大社会转变进程中的自然结果，而这一转变正吻合了马斯洛的层级需求理论。马斯洛层级需求理论最震撼人心的是，它为经济的不断演化提供了原因，也就解释了目的经济的诞生，不仅如此，它还阐释了为什么对于那些有幸生活在发达的信息经济中的人们来说使生活更加富有目的成了核心诉求。

在 18 世纪前，多数人为生存而倾注心力：养家糊口是经济的核心动力。工业革命带动了大繁荣，提升了对大量受过良好教育的劳动力的需求。然后人们的关注点开始更多地从最基本需求转向生活品质需求，诸如爱、归属和尊重。受到工业时代所带来的丰富物质资源以及信息经济的科技赋能，人们史无前例地开始关注心灵、创意、疑难解决和对事件的解析等事宜。

西方 X 世代和 Y 世代中许多人的生活状态已经达到了这些方面的高度，我们在日常生活中所思所行皆围绕着如何满足与生活品质相关的需求。如果进化持续下去，我们中的多数人都将乐意跨进到下一个生活逻辑范畴中，去

[①] Grant, Adam. "What Millennials Really Want Out of Work." *LinkedIn*. N.p., n.d. Web. 01 Aug. 2013.

超越
层次：
帮助他人
实现自我

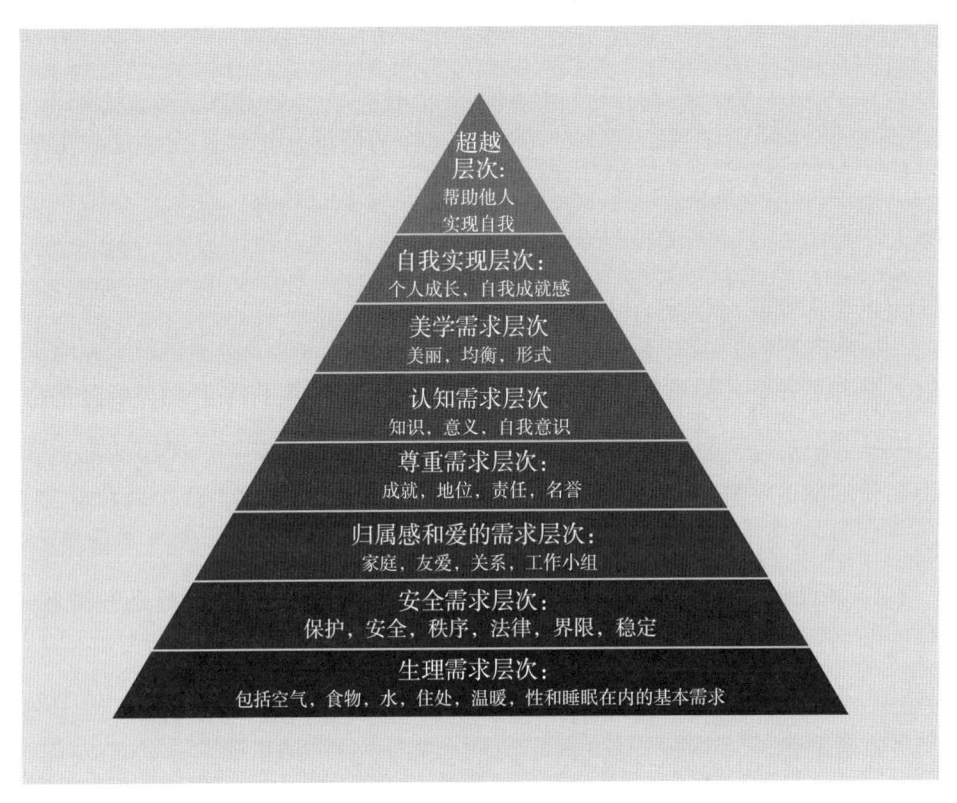

自我实现层次：
个人成长，自我成就感

美学需求层次：
美丽，均衡，形式

认知需求层次：
知识，意义，自我意识

尊重需求层次：
成就，地位，责任，名誉

归属感和爱的需求层次：
家庭，友爱，关系，工作小组

安全需求层次：
保护，安全，秩序，法律，界限，稳定

生理需求层次：
包括空气，食物，水，住处，温暖，性和睡眠在内的基本需求

图 3.2 马斯洛需求层次理论

追求更高目标导向的人生，如实现我们潜能的需求——按照马斯洛的理论，即追求自我实现。现在我们迫切想超越自我需求，将满足全社会和下一代人的需求置于更高的优先地位，寻求更多联系和自我表达。基于我们对这些需求的追寻，目的经济被彻底激发起来；而这些需求自身，也成为经济的推动力。

但是千禧世代又是如何迥异于其他代际者？一个重要的因素是他们从事工作的方式。婴儿潮一代和 X 世代倾向于将职业生活与个人和公民生活隔离开，千禧世代却使职业发展和自我表达的界限趋于模糊（比如，利用社交媒体刻意彰显自我个性），并且渴盼着在职业生涯中兼顾自我价值的实现和为他人服务的双重需求。千禧世代在成长过程中受以下观点深深影响，即"你可以成为任何你想成为的人",所以他们乐观自信,且不愿意过没有太大意义的生活。在对千禧世代的重点研究中,皮尤研究中心(Pew Research Center)最近得出结论:"在过去的最近几年里,无论是住房危机、金融下滑或双重战争在我国发生,它所带来的衰退,对老年人的打击要大于年轻人……新千禧世代充满自信、乐于表达自我、自由、积极乐观并乐于改变①。"

相较于他们的上一代人,新千禧世代不仅出生在一个物质更为丰富的世界,而且是一个人们更愿意追求价值和抱负的世界。在许多引燃目的经济奇迹的事例中,都能看到他们的身影。随着他们年龄的增长,环保运动正在成为当代的潮流;开创性的社会企业家精神和"通过做好事,获得商业成功"的理念大受欢迎。诸如保罗·霍肯(Paul Hawken)、安尼塔·罗迪克(Anita Roddick)的先行者们,正在推广一项企业社会公共责任的新理念。与此同时,诸如马特·戴蒙(Matt Damon)、安吉丽娜·朱莉(Angelina Jolie)和乔治·克鲁尼(George Clooney)等名人们,则在推广一项个人义务的新理念,使得履行社会责任成为一件人人称颂的事情②。

华尔街的膨胀,互联网的兴衰交替,"贪婪是好事"的理念,都在改变着许多即将为成人的千禧世代美国梦的视野。即便看到父母更加努力地工作,待在家里休息的时间更少,为的是可以拥有大房子、三辆车和成功所有的标配,他们还是更多地对这些地位的象征物不以为然,开始挑战现存所谓成功的范本。根据德勤(Deloitte)2013年的一份研究,公司雇员(不限于千禧世代)现在更多地相信,一个公司首要的职责就是提供能够积极影响社会的产品和服务。这一变化,不是仅由一代人催生的,但千禧世代却是主要的催化剂。

---

① "The Millennials: Confident. Connected. Open to Change." *Pew Research Center RSS*. N.p., 24 Feb. 2010. Web.
② Wrzesniewski, Amy. "'It's Not Just a Job': Shifting Meanings of Work in the Wake of 9/11." *Journal of Management Inquiry*, 11.3(2002): 230–34. Print.

世代大事件

> X世代在互联网兴盛期间成为劳动力大军，其被要求放远眼光和善用科技。现在他们是肩挑重担的一代，历史正熏陶着时代的天才们，为着宏大的目标而奋斗。

目的经济的众多开拓者都出自硅谷。我们X世代的同事们，在建构新的社会创新模型中，均起着决定性的作用。很大部分原因是近年来，我们正处在信息经济快速发展的风口上。这一发展能够使人们在早期的职业生涯中获得大量难以置信的实践经验。而这些经验，又进一步促使人们去继续追求更为大胆和辉煌的事业。

对于X世代而言，互联网风行的效应，和第二次世界大战之于婴儿潮一代颇多相仿。比如我的爷爷，就获得了作为战后控制战败国的四国联盟监督委员会一员的机会，在战后的德国发挥了关键的作用。虽然我爷爷才只有二十多岁，但战争却大大增加了他的阅历，给予了他对于未来有可能成就之事的满腔热望。他愿意继续在美国国务院履职，协助组建联合国，为维和部队搭建蓝图，管理索尔克生物研究所和阿斯彭研究所。对他而言，一条令人瞩目的生涯轨迹已经可以确定，而这在任何其他时间和地方都近乎天方夜谭。

在互联网疯长期间，我是如此幸运能够待在湾区。我的第一份工作是在一家处于成长期的小公司"家庭鲨鱼"，专为房东和买方在房产买卖时寻求资源和提供决策，即颠覆行业传统模式，将主导权放置于消费者的手里。之后，我又在另一家叫"爱辛迪加"的初创公司，找了一份产品经理的工作。作为一个开创者，这家公司专注于拓展新闻模式，而其所构思的新型新闻模式最终发展为博客。

带着对科技威力的深刻洞察，我离开了互联网领域。我明白一个网站就可以搅动一个市场，联络起在其他任何场景下都不会相遇的两个人。我的那些没有从事科技行业的同事们，也被其潜力与实现深深迷醉。纵然我们年轻和缺少经验，但只要思路正确并拥有探索之心，我们就能最大限度地改变事情运行的方式。不仅是我从中收获了与一份工商管理硕士文凭含金量相当的，通过亲身实践得来的大量经验，事实上我们许多人都做到了相同的事。从那些提出绝妙创意，并以激情坚持追求之士的案例中，我看到了网络的惊天能量。

在那些日子里，我们的目标还不能像帮助一个国家从战争的摧残中复原那般高尚——许多互联网公司还处于轻率幼稚并且方向错误的探索中——但我们已经看到在科技的鼎力相助下，一个人和一个创意所蕴含的能量。滔天巨变已是可能。随着互联网行业在重跌后东山再起，我们看到整个互联网行业，乃至众多美国人的生活联络和交际方式，都已得到更新换代。

社会企业精神、社交媒体和可持续性建设方面的众多开拓者们，都来自X世代，都在以不同的方式从事着井喷的互联网工作。维基百科（Wikipedia）的吉米·威尔士（Jimmy Wales）和拉里·桑格（Larry Sanger），贝宝（PayPal）的麦克斯·拉夫琴（Max Levchin），埃隆·马斯克（Elon Musk）和彼得·蒂尔（Peter Thiel），还有连线（Wired），也就是现在的3D机器人（3D Robotics）的克里斯·安德森（Chris Anderson），都只是这类案例的一部分。今天，目的经济的核心领导层，正是这经常被遗忘的一代人。他们以多样的方式，成为新经济的建构大师和决策力量。

环境、经济和政治危机

> 社会日益增长的不确定性促使人们去寻找生活中的稳定元素。厘清需求，并对危机受害者施予怜助。

在"9·11"悲剧期间，耶鲁管理学院组织行为学教授埃米·瑞斯尼斯基（Amy Wrzesniewski）正在纽约大学教书。袭击发生数天后，学校恢复了上课。令她吃惊的是，几乎每个学生都回到课堂，他们深入地投入课堂教学，但所谈论的不是她预先准备好的教学内容。他们讨论这场悲剧和当下该做之事，许多人眼含热泪、语无伦次。埃米明白，那一日乃至其后的数日，再给这些学生教授如何使组织中团队力量最大化的课程，无疑是荒谬的。

如同众多她在大学和研究机构的同事们一样，埃米极力想弄明白在发生"9·11"恐怖袭击事件的情境下，自己的工作价值所在。许多人去找寻新项目，以便运用自己的专业背景来为所发生的恶性事件提供解释，或者至少为其发生寻找意义。

埃米自身也十分好奇，在悲剧面前人们的工作意义受到了前所未有的挑战，而在这种情况下，人们是如何调整工作方式的。她看到的新闻是，很多人都更换了课程和新的工作，他们转而从事一些可以给予人类更大帮助的工作。她发现从教学到军事行业，从事服务行业人数增长最快。"不再专注于工作的外在内容，恐怖袭击事件引发了众多人士，诘问该如何重构自己的工作与生活。"人们对于生活目的的需求，已经全面觉醒。

"9·11"事件并不是唯一唤醒目的需求的悲剧。从"9·11"恐怖袭击到"卡特里娜"飓风，再到经济大衰退（即 2008 年金融危机），近 15 年的灾难改变了许多人的生命进程。在人生成型的阶段经历这些灾难，引发了千禧世代原始生命的觉醒。

我的侄女利安娜·埃利奥特（Liana Elliott），在首次访问新奥尔良时就喜欢上了那个地方，深谙那里才是她的大学所向。她渴望去到一个充满勃勃生机音乐剧般的小城市，而新奥尔良杜兰大学则完美吻合。跟我的侄女一样，新奥尔良奇异、真诚和富有创意。作为一个激情四射的音乐新闻工作者，利安娜发现这里远比她的家乡美国加州帕罗奥托更加鼓舞人心。

在她大三期间，"卡特里娜"飓风来袭。她告诉人们："飓风改变了一切。"在她撤离到了得克萨斯，并且通过电视了解当时混乱不堪的救援行为。安利娜生动地回忆，她观察到一个记者站在她工作单位的停车场，背景中有她经常吃午餐的赛百味餐厅，那里已燃成了火海。正当消防员在努力熄灭火焰时，那里发生了枪战，记者和工作人员躲避着开始奔跑。正如她告诉我的："对于一个来自帕罗奥托的白人小孩来说，这并不是在我家后院日常可以看到的场景。"对任何目睹此景的人士而言，都是令人震惊的。但对于一个来自帕罗奥托受庇护的年轻女士来说，它尤其令人深感不安。

时至今日，利安娜仍把她的生活概述为"卡特里娜前与卡特里娜后"。孩童时期利安娜所学到的许多人生功课，关于志愿者服务、参与社区事务和环境保护，现在都变得再真实不过。杜兰大学刚刚重新开学，她就回归新奥尔良。只是发现她的家里没有电、没有邮递服务，连垃圾也无人收取。她不得不把需充气的床垫，拖到楼下邻居的美国联邦应急管理署的拖车上，每晚给它充气。她在体育馆冲澡，在市中心租邮箱，上课时携带充电宝以便能给她所携带的各种电器及时充电。这充满了挑战，但其他人的境遇更悲惨：他们爱的人死去，他们的房舍被冲毁。

利安娜不愿再在学校待下去。她渴望同其他人一起去帮助这个城市复苏，共同去重建和再生这个她已逐渐爱上的地方。她不能再保持理性，再去为她的导师撰写论文，以求过关和毕业。因为很明显，在新奥尔良，在她的周围有很多事需要去做。相较于帮助城市的复苏，完成学业像是在浪费时间、金钱和精力，显得毫无意义。

利安娜毕业了，但不再对做音乐媒体人充满激情——她有了新的想法。目睹了"卡特里娜"飓风的恐怖和政府及其他机构在防范与恢复工作中的系统性失败后，她想去努力确保，那样的闹剧在新奥尔良和其他城市不再重现。毕业之后，她在当地专门从事灾难恢复的一个非营利机构找了份工作。最终返回了研究生院，学习灾情防范与救助知识。

过去十五年来发生的灾难，深刻地影响了我们选择的优先次序。卡特里娜飓风、桑迪飓风、深水地平线溢油事件、当代反奴隶运动和南北极冰川快速融化的信息，使我们星球的脆弱性彰显无疑。威胁已迫近眉睫，我们不能再看着近在咫尺的社会，看着人们因为气候变暖、水源缺失或水库有毒物质渗漏，再遭受痛苦的后果。现实证明，各类威胁已无处不在。

2008年的经济灾难和房贷危机——"经济大衰退"——已经迫使众多个人和公司，改变了他们作为消费者与雇主的行为方式。这次衰退的影响尚无全面显现，但是对于在危机中成长起来的千禧世代而言，面对这一全新的形势，他们选择的优先次序已大大不同于先前。据维萨公司披露，借记卡的使用量已超过信用卡的使用量，这表明人们对举债消费观念的转变。千禧世代在寻求办法满足需求上，已经变得极富创意。他们不再依赖于借债或提前消费。相反，在服务他人、表达自我和与他人共享利益的过程中，他们获得了价值。

大灾之余，无论是环境或是经济方面，常常伴随着大机遇。灾难激发起勇气、发明和创造，也迫使我们重新定义习以为常的事物。我们看到奇迹般的发明与新的解决方案，在我们周围急剧涌现；新的模式被测试，混合式的组织机构被设立，私营与国营资本开始投向目的经济。这一变化并非仅来自千禧世代。他们的父母，众多即将退休的人，通过选择二次就业，重新界定他们这个年龄的意义所在。

延长生命

> 在规划未来30年生涯时，第二次世界大战后出生的一代在设计着他们的第二事业，再一次将他们青年时代追寻的目的放在了优先地位。在此过程中，他们启发激励了其他人。

对于退休的重新规划，主要是由于人类当前的寿命长于以往的这一事实（图3.3）。当前正进入传统退休年龄的婴儿潮一代正在极力想应对这一现实，他们中的多数人将会比他们的父母要多活上十年或更长的时间[1]。对多数人而言，不幸的是2008年金融危机和剧增的健康保险支出，延迟了他们的退休时间或需要找兼职工作弥补所需。无论催发的因素是什么，在第二职业生

---

[1] "Life Expectancy in the USA, 1900–98." *Life Expectancy in the USA, 1900-98*. Demographics Berkeley. N.d. Web.

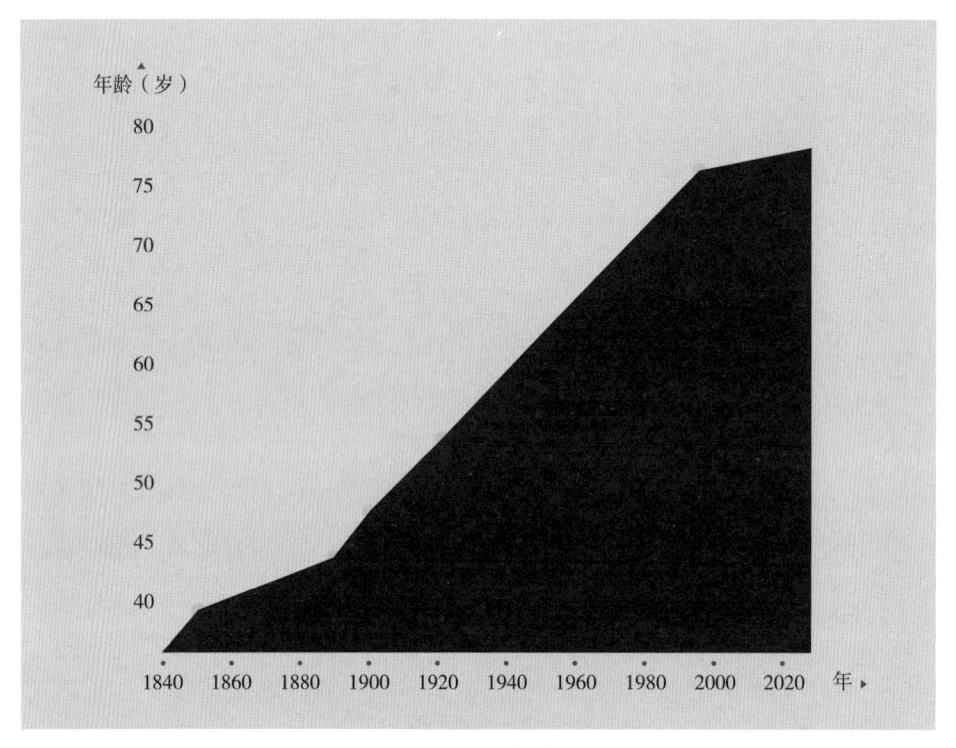

图 3.3 人类平均寿命增长图

涯中，人们都将目的放在了第一位[1]。

　　为收入而择业奋斗了几十年后，婴儿潮一代开始回过头来，寻找回报社会的机会和开始做自认有意义的事务。作为帮助人们寻找富有意义的第二职业生涯的在线平台，Encore.org 做出了如下清晰的总结，很多人将第二职业生涯作为可以使他们对自己、对家庭和对社会都做出重要贡献的机遇。对许多人而言，这标志着一种回归，回到他们生命早期所处的那个更以社会为导向的时代。婴儿潮一代，生长在美国历史上最重大社会变动的时代。在此背景下，他们履职于人权运动的前沿，承受着战争的痛苦。许多人还要去养家糊口，承受职场压力。当他们的孩子长大离家后，他们还要重新评估自己的优先级，去拓展更加丰富的人生机遇。

---

[1] "Encore Careers—Purpose, Passion and a Paycheck in Your Second Act." *Encore.org*. N.p., n.d. Web.

与前几代人相比,婴儿潮一代受过更多教育、更健康、更富有,也更乐意延长工作年限。但对许多人而言,在从事第二职业生涯时的驱动力与当年处于事业巅峰时期的驱动力大大不同。而对公益部门而言,它却创造出了一个群英璀璨的时代。正像 Encore.org 所报道的,900 万婴儿潮一代的第二职业生涯是富有目的的;与此同时,还有另外的 3100 万婴儿潮一代,仍徘徊在追赶寻觅的边缘。所寻找到人生目标的领域,分别是:教育 30%、健康 25%、政府部门 25% 和非营利机构 11%[1]。

我的父亲彼得·赫斯特(Peter Hurst)在 60 岁时成为一个社会企业家。在将生命的前几十年奉献给高等教育后,暮年的他开始对其居住地的学校产生了兴趣。在他所在的社区,他发现了一个令人振奋的机会。穿越乡野的学校前后,父母们每天两趟开车接送孩子,小轿车不熄火地停在路边等待孩子。孩子们失去了走路或骑车上学的锻炼机会,而小轿车空转产生的废气,则使学校周周的空气质量,已经接近于曼谷酒吧中烟雾缭绕的水平。为了解决这一问题,父亲开发了一个名叫"博尔德谷校区交通追踪"的项目,借助它可以选择步行、骑车、公交和合伙用车多种方式,既酷又安全地到达学校。经测算,一年中在这里的 12 所学校,共缩减了 30 万英里(约 48 万千米)的车程,节省了超过 1 万加仑(约 3.8 万升)的汽油。爸爸告诉我,虽然薪水和体面度一般,但这一工作是他在过去 50 年的职业生涯中所从事的最令他感到快乐的工作[2][3]。

婴儿潮一代中的其他人,没有选择更换职业或启动新项目来达到使人生富有的目的,而是通过参与到社区服务,成为志愿者、董事会成员和捐献者。现在每年婴儿潮一代都会捐献超过 600 亿美元的慈善款。在美国,年龄 65 岁以上志愿者的数量,在 2020 年将会增加 50%,即从 2007 年的 900 万人到届时的 1300 万人。这些数字表明,老年人身上所折射出的社会

---

[1] "Trip Tracker Program." *Boulder Valley School District*. N.p., n.d. Web.
[2] Jacobs, Deborah L. "Charitable Giving: Baby Boomers Donate More, Study Shows." *Forbes*. 08 Aug. 2013. Web.
[3] "Baby Boomers and Volunteering: Findings from Corporation Research." N.p., Mar. 2007. Web. <http://www.nationalservice.gov/sites/default/files/documents/boomer_research.pdf>.

责任感，不单是一股潮流或一时的风尚，它更代表的是美国人民退休观的重大变革，以及对老年人生命意义的重新诠释。

美国退休公民协会（American Association of Retired People，简称AARP）把这一变化尽收眼底。该协会观察到，婴儿潮一代的人，相较于他们的父母，对退休生活的定义从根本上发生了改变。并且，该协会投资了几千万美元来创立新型机构，更好地为满足婴儿潮一代的退休需求而服务。例如"生活，重新想象"，就是该协会资助设立的平台，旨在帮助其会员在退休生活中找寻目的。

这一变革的范围并不止于婴儿潮一代。而看见在婴儿潮一代身上发生的一切，让我们明白，世人从此将会工作更长时间，乃至永不退休。如果在我们的人生中，工作的时间将达到55年到60年，那么我们自然会期望工作的时光是令人愉快并富有意义的。

改变家庭和提升角色

> 现在在大多数家庭中父母都去工作。这一变化的结果之一就是，我们雇用大量的人员去从事最具有神圣目的的工作——照顾孩子与年迈的父母。

现在人们的寿命更长，组成家庭的时间更晚，而且常常不止结一次婚——在美国，这是家庭本质与结构巨变的原动力。在20世纪20年代，我外祖母成年之时，这些原动力并非闻所未闻，但的确是少数情况。结婚前外祖母工作过几年，之后就集中全力支持我外祖父，抚养我的母亲和她的妹妹。而我的母亲和她妹妹婚后则维持一种混合式生活，也就是一种既可以赚钱以补贴家用，也有大量时间可以从事家务劳动、抚养孩子并照顾老人的生活。我的妻子卡拉和我，都有全职工作，此外还要抚养两个小孩子，照料这个家。最近在度过一个漫长的工作周后，卡拉在清醒与困窘中开玩笑说，她需要一个"妻子"。是的，她的意思是指像我外祖母那一代时专职管家的"妻子"。

第三章　新经济的十大驱动力

我们已经不再孤单。目前美国有82%的女性外出工作,这相较于20世纪50年代的女性工作比例增长了250%①。不到7%的家庭仅有一个男性养家糊口②。这是我们的家庭和生命中的一个根本性的变化。就像工业经济让位于信息经济,体力劳动过渡到脑力劳动,对于脑力劳动者的需求,为大量女性加入劳动者大军敞开了大门。纵然在许多公司的顶层职位,女性遭遇到了强大的发展天花板,但晋升到更高职位的女性的人数,一直在持续稳定地增长。这成为推动目的经济成长的另一核心推动力。

人类历史上,经济学一直是男性占统治地位的领域。因而在计算一国经济产出时,家庭工作从未被纳入其中,对此大家一点都不感到惊讶。在我们的社会中,最重要和富有目的性的工作常常被摒弃于统计之外和严重低估。按照经济统计局的推算,如果在2010年的GDP核算中加入家庭工作的经济产值,则2010年的美国GDP会增加26%③。随着女性无法将更多的精力倾注到家庭工作中,当前的现实就是只能更多地予以外包。预计从2010年到2025年,学前班老师的数量将会增加25%,同时孩子护工的数量将会增加20%④。曾一度作为家庭工业,孩子的养护工作开始步入公司集成模式。孩童研究院(Kiddie Academy)举例说,孩童的日间看护与学前教育已经成功地创造了一个新模式。这一模式,以特许经营的方式延伸到了美国一半的地域。

然而,女性脑力劳动者加入劳动力大军这一现实只是工业经济长久转型的表现方式之一。家庭工作外包增长最快的部分,集中在对老人的照顾方面。人们的寿命变长,却遭受着需要引起社会更多关注的慢性病。现在老年人占到总人口的12.9%——预期这一数据到2030年将会增加到20%——2010年,美国大约需要190万的家庭保健和私人护理者来照看老人⑤。

---

① "International Human Development Indicators—United Nations Development Programme." *International Human Development Indicators*. N.p., n.d. Web.
② "Traditional Families Account for Only 7 Percent of U.S. Households." *Population Reference Bureau*. N.p., Mar. 2003. Web.
③ "U.S. Bureau of Economic Analysis." *U.S. Bureau of Economic Analysis*. N.p., n.d. Web. 11 June 2012.
④ "Occupational Employment Projections to 2020." *Bureau of Labor Statistics*. N.p., Jan. 2012. Web.
⑤ "Administration on Aging." *Administration on Aging*. N.p., n.d. Web.

从 2010 年到 2020 年，家庭保健雇工将会增长 60%。与此同时，私人护理从业者预计将会增长70%[1]。为填补这一职业空缺，我们看到参与家庭保健和私人护理培训人员的激增。目前，它已成为美国发展最快的职业之一。通过雇用护理者，老人们可以在家里待上更长的时间，从而减少老人在护理中心待的时间以及相应开支，并且护理者提供陪伴、监督膳食和确保正确的药物治疗，这些都有助于避免老人住院治疗。

此外，随着婴儿潮一代老龄化（现在美国每天有一万人进入 65 岁），他们正在寻求新的关爱老人之法。而适应其需求的新兴企业，开始成规模地涌现。例如，基兰·约克姆（Kiran Yocom）创立的以老扶老公司，已经在探索如何更好地满足独居老人非药物类的需求，包括陪伴需求和日常活动安排。一家名为关爱网（Care.com）的互联网平台，专门为父母或祖父母们提供护工，并且自称自己有超过 950 万的用户[2]。创新型的以老扶老公司适用于活跃型的老人们，这类公司常常并不需要过多的收入，就能够在该领域服务和发挥作用。现在，有 200 家特许经营企业以该模式在发展运营着。

家庭保健护理及其他家庭工作外包需求的快速成长，不仅在经济领域威力初显，而且也是新崛起的目的经济的一部分。它创造着富有意义的工作，成为当今新型教育和社会服务体系的重要组成部分之一。

新社会科学

> 积极心理学的新领域已经驱散了众多关于成功与目的"迷思"，并且正在改变着领导者的思考方式。

随着个体与家庭需求的变化与更迭，社会科学的一个新领域同步出现。在刚刚过去的几十年间，在检验我们的生活与工作所具有的意义及幸福值

---

[1] "U.S. Bureau of Labor Statistics." *U.S. Bureau of Labor Statistics*. N.d. Web.
[2] "Babysitters, Nannies, Child Care and Senior Home Care." *Care.com*. N.d. Web.

时，积极心理学已被广泛应用。该领域的研究者正在研究分析，面对逆境人类是如何发展繁荣的，以及这种发展繁荣出现的必要条件。

"积极心理学"一词在20世纪50年代，由亚布拉罕·马斯洛（Abraham Maslow）首次创造。之后在1998年美国心理学会年会的领导致辞中，宾夕法尼亚大学的马丁·塞利格曼（Martin Seligman）使用此词，使这一概念风行起来。马丁是数量逐渐增多的心理学领导者小组成员之一，该小组对该领域的研究大多集中于颇有异见的疾病，对于诸如意义、勇气和幸福等积极心理特性的研究方面存在着空白。

塞利格曼博士在其著作《持续的幸福》（*Flourish*）一书中解释说，幸福对于我们追求的目标而言，是一个过于狭隘的概念。他认为更为恰当的追求目标应该是幸福感，这是一个更全面、更富有意义的状态。幸福的价值显而易见，但幸福在我们的生活中是一个易变元素，有时为了实现目标就必须放弃一部分幸福。无论是以什么尺度衡量，幸福都是稍纵即逝的；它更多是一种心情而非一种状态；相反，幸福感更具持久性。塞利格曼解释说："积极的情绪、参与感、人际关系、意义和成就是获得良好状态所需的五个核心要素[1]。"

但是，良好状态不仅对人是有益处的，对商业也同样有利。21世纪诞生的组织如 Zappos 和 Etsy，都在投资测量和最大化员工的良好状态，利用如塞利格曼等先驱者们发起研究的内容。马特·斯廷奇科姆（Matt Stinchcomb），Etsy 负责价值与影响力的副总裁，与宾夕法尼亚大学积极心理学中心合作，发起了一项对全公司员工幸福感的研究。这个团队利用了 PERMA 测算框架——一个由塞利格曼博士发明的自我评估工具，由积极的情绪、参与感、人际关系、意义和成就五方面组成——测量 Etsy 公司职员的幸福感。Etsy 400名雇员中的85%参与该研究，包括5个国家的5个办公区的24个小组成员们。现在 Etsy 将这些数据作为其成功的核心度量标准之一。

---

[1] Seligman, Martin E. P. *Flourish: A Visionary New Understanding of Happiness and Well-being*. New York: Free, 2011. Print.

这些有远见的公司，并不是唯一一个采用这种新研究成果，以及优先关注员工幸福感的参与者。美国加州圣莫尼卡市最近加入到了西雅图市和佛蒙特州的计划中，优先将幸福感作为城市是否成功的核心度量标准。虽然听起来很简单，但它急剧地改变了人们的决策方式，以及政府承担责任的方式和资源所投入的方面。

我们观察到，这一领域的研究正在不断地发展，由一些极其睿智的研究者探索前沿课题。塞利格曼在宾大的同事、沃顿商学院最年轻的终身教授亚当·格兰特（Adam Grant），在2013年出版了他的重要研究著作《给予和获取》（*Give and Take*）[①]中，他首次提出在成功与奉献之间存在着直接的相关性——不仅体现在捐献的层面，更体现在广泛的人际交互层面。这是一项极其重要的工作，通过提供的数据和研究来表明为什么助人为乐和为集体利益服务不仅对世界有益，对个体的事业和业务同样大有裨益。

诸如亚当·格兰特和马丁·塞利格曼，这些引领时代思想的研究人员，已经改变了管理学和职业发展的根本之法，使焦点从克服弱点转变为发现并加强优势。这些人士已经找到方法来在工作中增加员工的目的感和幸福感。他们的研究成果，正在成为职业教练和管理咨询师们的基础读物。这一新兴领域的研究，支持并引发了管理和领导层职能的转变，他们开始帮助人们发现工作的目标与意义，而非只是单纯地关注在公司内部的晋升机会。

全球化进程在加速

> 世界已经变为我们囊中之物，我们的激情被它拥有的潜力与挑战而点燃。

信息科技和空中运输使世界变成了地球村。世界各地的人们联系越来

[①] Grant, Adam M. *Give and Take: A Revolutionary Approach to Success*. New York, NY: Viking, 2013. Print.

紧密，人们息息相关，人们也更清楚地意识到发展中国家正在面对的难题。在小村庄的生活中，如果你对社区成员不友善，或破坏当地环境，每个人都会知道。很快，你就会处于被审视的尴尬地位，并承担相应的责任。同理，由于世界已经变得息息相关，我们在确立自己的选择是否会对他人的生活带来影响时，就不能再过于随意。我们要有更强的责任感和持续互助的意识。

现在我们不断得到达尔富尔（Darfur）遭受冲突的最新信息，这在50年前是不可想象的。我们也看到了帝国主义国家对贫穷国家与文化，不负责任和无休止地侵扰所带来的影响。对全球这么多国家遭受的侵略和不公，已愈来愈难再闭上我们的眼睛与耳朵。从印度大量出现的贫民窟，到海地脆弱的基础设施所引发的惨剧，良知的觉醒，激起了人们参与并改变上述事务的责任感。

全球化同样引发了发展中国家的科技变革，千载难逢的开放机遇带动了当地社会的快速改变。如同托马斯·弗里德曼（Thomas Friedman）的畅销书《地球是平的》（*The World Is Flat*）所言，全球化作为商业领域的助推器，为发展中国家的人们提供了诸多的动力与机遇，让他们开始与发达工业强国们竞争[1]。托马斯指出，互联网公司极速扩展颇具讽刺的一幕是，它导致了过多高速电缆的铺设。随着其容量的泛滥，介入互联网世界的成本已经急剧下降[2]。

科技革新从未停止。相对于发达国家，非洲地区手机的使用，在过去的几年急速增长。在许多发展中国家，移动银行已经成为商业领域一股重要的生力军。

全球化甚至给这个星球遥远的角落，带来了巨变。在蒙古戈壁沙漠，游牧民们一边用手机聊天，一边在蒙古包顶上安装着太阳能面板。在非洲最偏远的村庄，学生们开始拥有笔记本电脑。全球化让机会与需求变得一目了

---

[1] Friedman, Thomas L. *The World Is Flat: A Brief History of the Twenty-first Century.* New York: Farrar, Straus and Giroux, 2005. Print.
[2] Harth, Chris. "GSF Fact Sheet 1: The State of Global Studies in the United States." Publication, Global Studies Foundation. N.d. Web.

然，二者的融合激发出了奔流般的创新大军，去拓展全新的解决方案。

在美国，我们深知社会对全球文化教育的需求。现在93%的美国人相信国际知识的重要性，在各种国际课程中最受欢迎的是语言培训和到国外学习，这两者占总需求的75%。于教室里构建高水平的知识殿堂，我们还有很长的路要走，但科技正在缩小这巨大的鸿沟。

社会环境的转换

组织和个体都看到了政府可以介入并填平的鸿沟。

伟大的社会建筑学家约翰·加德纳（John Gardener）在1964年出版了《自我更新》（*Self-Renewal*）一书，读过几年后它还深深激励着我的心。书中有力地指出，人类创建的机构不堪自身的重负，正在开始塌陷[1]。有史以来第一次，我们的国家需要依赖庞大的政府、大型公司和其他机构。而这些机构的成功、壮大和长期的僵化，通过政策而成型又阻碍了政策的调整。美国政府是其模式中的创始者，许多美国大公司在全球的各个行业中都是历史最为悠久的翘楚。按照加德纳所言，这些组织正趋于思想僵化，而我们却借助它们在兴盛一个国家。近几十年来，对联邦政府的信任度持续下降（图3.4）。

我的祖父相信，做公务员是他的内心召唤。但是作为一个在20世纪最后20年里成长起来的人，让我坚守这一信仰十分困难。在密歇根州杰克逊的科顿劳教所教授写作课时，我与一个叫约翰的犯人结为盟友。他是一个大学毕业生，很不错的小伙子，我并不清楚他犯了什么事而被关进监狱。如果让他回到密歇根大学校园中，他会很容易地融入我的朋友中去。但当我从密歇根大学毕业，并不再在科顿劳教所教课后，我几乎已经认不出约翰来。并

---

[1] Gardner, John W. *Self-Renewal: The Individual and the Innovative Society*. New York: Norton, 1981. Print.

非是我把他想象成一个畅销书作者——恰好相反，他已经在监房里，变成了一个冷酷的普通犯人。他说的话、语调、服饰和态度已经彻底改变。如同变色龙依据环境改变颜色，约翰已经改变他的行为和个性，以适应新的生活——监狱的生活。

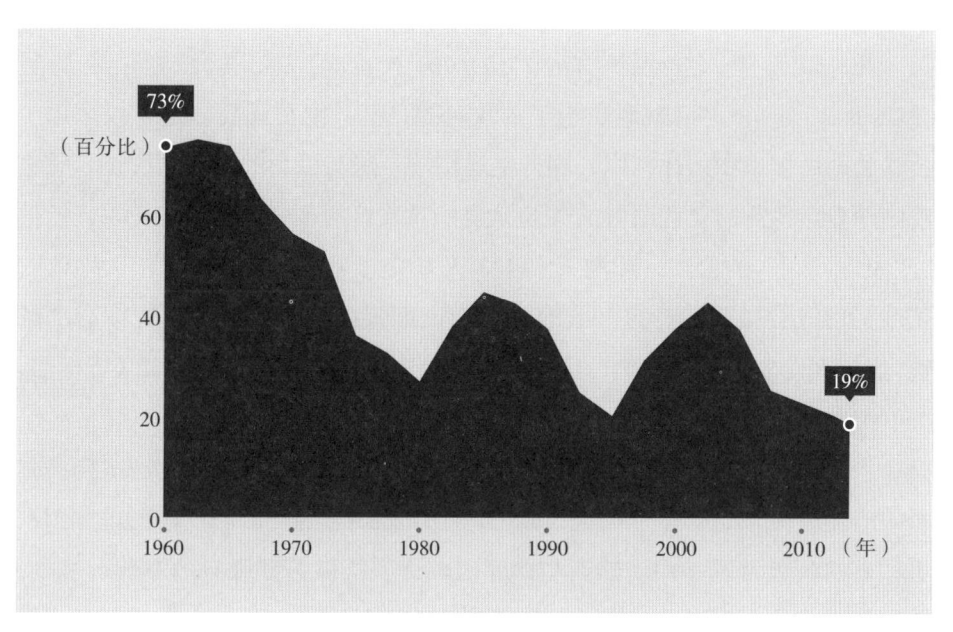

图 3.4　政府公众信任度变化图

目睹着约翰的堕落轨迹，令人伤心不已。监狱把一个好人，生生变成了一个你在走入黑巷中最不愿意撞见的那种人。至少从表面上来看，他已变成了一个从根本上不同的人。在那里与他和其他犯人一起工作，教会了我远超在密歇根大学四年的学习所得。显然，我们的政府并没有帮助我们，创造出一个公正的社会。缺乏远见和设计糟糕的司法系统使社会形势变得更差。这些经历教会了我，在劳教所毁灭生命前，积极主动地帮扶世界中的这些"约翰"们，其实更为容易。入监之后，再想改变局势就会变得异常困难。累犯率的持续攀升就是证明。此外，就像我在科顿劳教所帮忙设计和负责的志愿者计划，在实际影响力上就极其值得反思。

20 世纪 80 年代初，依靠政府之法解决社会问题的风潮遭受挫败走到尽头。1981 年，美国前总统罗纳德·里根（Ronald Reagan）在他著名的就职宣言中，响亮地喊出："政府已不再是社会问题的解决途径，政府就是问题。"由此开启了所谓的"里根革命"，寻求将社会的权力和责任交付到社会的个体和组织的手中[①]。

在《联邦党人文集》（*The Federalist Papers*）中，詹姆斯·麦迪逊（James Madison）清晰地描绘了的政府的目标：维护正义。这不仅适用于公正的司法体系和法律制度，同样也适用于待遇与机会的平等与公正。它也清晰地界定了对需要援助者的关爱。里根对政府的这一职责不置可否，但他"政府即问题"的论述，却湮灭在美国人多变意见的海洋中。它极大地改变了我们的社会关系——这并没有在一夜之间发生。按照皮尤研究中心的调查，在 1987 年，里根的第二任期接近结束时，多数共和党人（62%）相信，关爱那些无法照顾自己的人是政府的责任。今天，这一比例是 40%[②]。

当里根开始消减社会项目时，他转向私营组织，尤其是非营利机构去弥补政府的缺失。他组建了私营领域工作小组将政府的一部分责任通过非营利机构转移到老百姓手中。然而与此同时，许多提供关键服务的非营利机构，得到了政府的大量资助。新的政策不仅删减了政府的项目，也缩减了对许多非营利项目的资助，而这些项目正是为了弥补政府的缺失。

如果这些非营利机构的服务对社会是重要的，社会就会资助它们。里根认为非营利机构不该像类政府机构一样，去承担太多的社会责任，而更应该像私营企业那样，去回应市场的反馈。他也相信，把非营利机构从政府的限制中释放出来，将会引发这个领域的创新。就像由市场驱动的新兴商业模式会产生巨大红利一样。

经过了 10 多年的时间，美国人才开始看到了里根时代变革的影响力。

[①] "Public Trust in Government: 1958–2013." *Pew Research Center for the People and the Press RSS*. N.p., 18 Oct. 2013. Web.

[②] "Partisan Polarization Surges in Bush, Obama Years." *Pew Research Center for the People and the Press RSS*. N.p., 4 June 2012. Web.

伴随着政府作用的减少，各个社会组织应运而生，填补了政府留下的空缺。到 2008 年，非营利机构一年的支出就达到了 1.34 万亿美元。两年后，它甚至占到了美国 GDP 的 5.4%[1]。更重要的是到 2009 年，非营利机构为美国提供了 10% 的就业岗位。随着这个领域的发展，派生了一个新的需求，即更多拥有商业管理技能的职业人士和创新型的组织[2]。新的复合型非营利机构和商业组织横空出世，它们吸收了许多先前服务于该领域组织的特质，同时进化成为结构更为复杂的综合体——这一进化将会继续进行。

行业融合

> 政府、非营利机构和企业之间的界限日趋模糊，在每个领域的未来发展中，目的都是必不可少的核心要素。

这些混合型组织的出现是过去的十年间最有前景的社会发展之一。有时它们被称作目标灵活型公司、B 公司（也叫共益企业）或微利有限公司（也称为低利润公司）（L3C），它们都将盈利与社会使命相融合。微利有限公司的架构方便了企业接受私人慈善投资，既得到了传统有限公司享有的法律保护和税收优惠，又得到了以社会服务为导向的非营利机构所享有的优惠政策。这使得微利企业成为众多基金会的投资目标。因为基金会通过投资微利企业，既可以实现其公益目标，又可以履行每年至少投资其受捐资金的 5% 的义务，另外，还可以从这笔投资中获得一些收益[3]。

这一结构也有助于解决非营利机构寻觅捐资者的难题。作为吸引捐资者的一项机制，在免税的同时也允许捐资者使用其利润。传统的非营利机构，

---

[1] "The 2008 Statistical Abstract." *Gross Domestic Product (GDP)*. United States Census Bureau, 2008. Web.

[2] "The 2009 Statistical Abstract." *Gross Domestic Product (GDP)*. United States Census Bureau, 2009. Web.

[3] "B Corporation." *B Corporation*. N.p., n.d. Web.

不允许分配经营活动所产生的利润——例如成功运营甜饼销售的美国女童子军——给予基金创始人、股份共有者或私营基金分红者。微利企业在跨界模式方面是一个成功的创举,它有效利用了慈善基金池,打破了非营利机构募资难的困境。这一架构需要得到州政府的批准。在撰写本书之时,只有八个州批准了这种公司的设立——伊利诺伊、路易斯安那、缅因、密歇根、罗得岛、犹他、佛蒙特和怀俄明——此外还有两个联邦管辖区,亚利桑那州的纳瓦霍族保留地和奥格拉拉苏部落。

同时,我们观察到这些新型混合商业模式开始逐渐受到大众青睐。几年之后,超过1275家公司自愿转变为B公司。不像L3C公司,无论B公司是否拥有独立的法律地位,它们都愿意表明自己对其企业的营利意愿。B公司的优势在于,它既可以说服投资者它能够创造稳定回报,也可以在其经营过程中支持公益事业。在《快公司》杂志最近的一篇文章中,其将B公司称为"新经济时代的摇滚明星",将包括易集(Etsy)、沃比派克(Warby Parker)、巴塔哥尼亚(Patagonia)和净七代在内的众多公司描绘为走B公司路线的支柱企业。

新型投资模式也同样在被创新着。一如前面所描述的,社会影响债券是另一个极富潜力的混合创新种类。奥米迪亚网络公司(Omidyar Network)正在尝试应用这种新型混合投资方式的途径,主要针对处于早期阶段的社会公益类企业。他们以基金会的方式,提供赠予和有预期回报的贷款或股权投资,按照所投公司的模式与需求,决定筹资的方式。

但是这种混合模式也可能以更为自然的方式出现。以YouTube和维基百科(Wikipedia)为例,没有人会因为在YouTube上发布视频而收到报酬,然而每分钟就会有约400小时的视频被下载。在某种程度上,YouTube可以被认为是世界上最大的志愿者组织。或者来看看百姓记者们的增长速度,如雨后春笋般出现在诸如维基百科和韩国"我的新闻"网站上。这些网站能够向任何有头条新闻资源的人,提供规避偏见的机会,而这些偏见已造成了很多商业性新闻内容的扭曲。

许多重要的市场都是跨界经营的。例如美国的医院和学校,现在都是由非营利机构、公司和政府经营。按照美国总审计长大卫·沃克（David Walker）所言，在2003年62%的医院已由非营利机构经营，20%由政府经营，18%归属企业。2002年营利性大学只占到3%，但九年后已经攀升到9%。尽管单一组织或领域能够在一个市场掀起波澜，但是如果想从创意发展为市场主流，懂得同时运用多种方式推动市场是十分重要的。

几乎对每个市场而言，那些较大的组织都分布在不同的领域。非营利机构能够影响政策，但不能制定政策。相反，政府能够进行调研和改变政策，但必须要有私营伙伴参与，进而改变公共意识或予以创新。总之，要想推动一个市场，我们就必须寻找域外的参与者。

随着我们越过域界，对于私营企业来说，越来越难以为其短视逐利的商业策略提供合理解释。而对于非营利机构来说，市场驱动力的重要性也是难以忽视的。孤岛将会被选择和需求打破，对组织预期的变化将接踵而至。

第二部分

个人目的——赢家

拥有目的

从最早的哲学家就开始思考到底什么最重要——活着的意义何在？我们的目的是什么？

但是科学最终使我们能回答这个问题——至少就工作而言。

许多人认为工作的目的和意义就是找到事业。

我们不断被问及如何定义事业,也看到名人为他们的事业庆贺。

但是许多拥有事业的人仍然缺少目的或意义。

目的不是口头上说说而已，它是行为。它关乎我们如何工作。
DO
当我们做出比曾经的自己更好的事情时我们就体验到目的。
SUGAR
AISLE 4
SOUP SALE!
当我们全力以赴时我们就体验目的并且成长。
当成为社区一分子时我们就在体验目的。
TRUCK
$29

目的就是你如何对待工作的

目的并不是只有医生和艺术家才有的。

事实上,许多医生在工作中并未体验到强烈的目的感。

一些医生把工作视作应付差事……

一些视作事业……

一些视作内心召唤……

行政助理也是这样……

……几乎每种职业都这样。

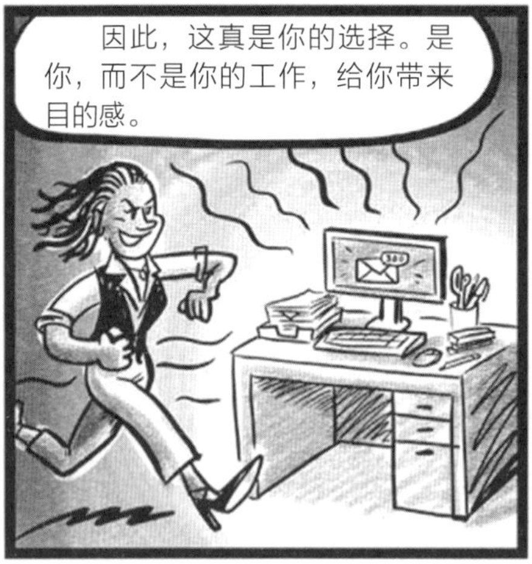

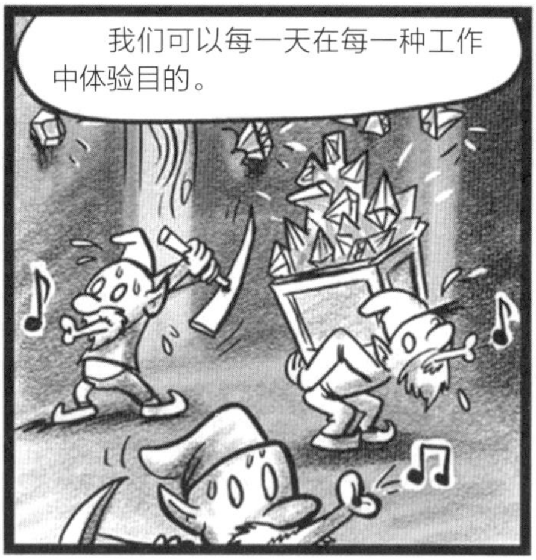

目的不是一个事业，　　启示，　　或奢侈品。

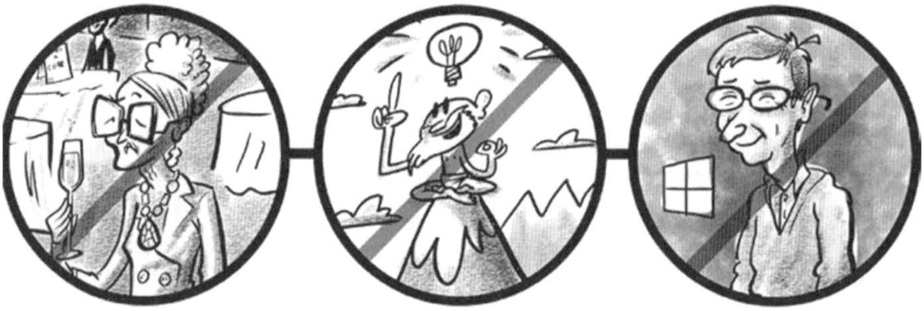

目的是一种选择。

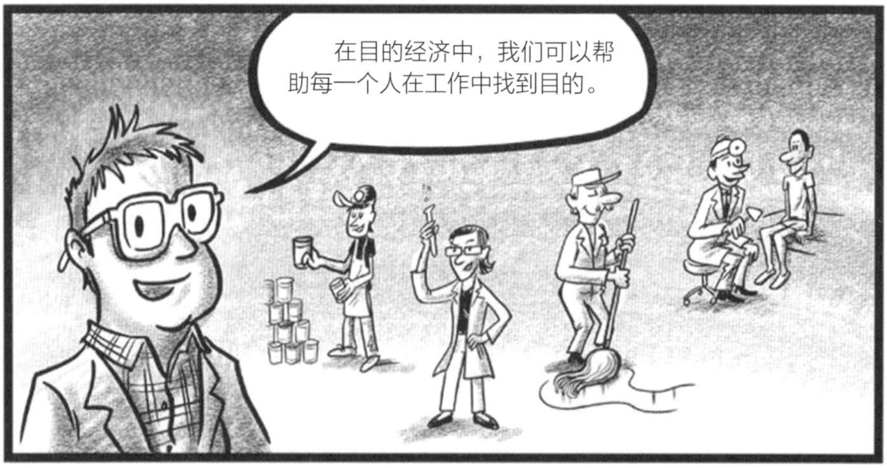

第四章　目的的重要性

> 人若没有目的，就如同船缺少舵——他就会是一个流浪汉，一个一无是处的人。
>
> ——托马斯·卡莱尔（Thomas Carlyle，1795—1881）

那么该如何定义成功呢？大多数人通常用最容易衡量的金钱来定义它。当然，至少在达到"小康水平"前，金钱对我们而言至关重要。我们需要达到一定的收入水平来满足我们的基本需求，缓解我们的巨大压力。普林斯顿的研究人员比较了盖洛普民意调查数据中关于50万美国家庭的收入水平与幸福指数部分，他们发现，当家庭年收入超过7.5万美元后，金钱便不会影响到情绪[①]。一个家庭里若有两个人赚钱，每人的年收入不能低于4万美元（在像纽约这样的地方，这个数字显然比4万美元要高）。

但这并不新奇。现在我们都知道一个人虽赚得盆满钵满，但却不一定是最成功的。哲学家、神职人员，还有近期一些经济学家和心理学家都围绕这一话题写了许多本书。它仍然是最受关注的写作话题之一，而且很多作品都一致提到金钱并不是人生意义的核心。那么究竟什么才重要？

这一话题似乎要追溯到亚里士多德，亚里士多德认为纯粹的幸福是一个

---

① Thompson, Derek. "The New Economics of Happiness." *The Atlantic*. N.p., 23 May 2012. Web.

很粗俗的概念。他观察到，虽然许多行为可能会带来乐趣，但它们并不会使人获得良好的状态，这也就是他所说的"幸福感"（*eudaimonia*）。感觉还不错只是一种短暂的、稍纵即逝的体验，并不足以维持一个美好的生活。

来自宾夕法尼亚大学的马丁·赛利格曼博士继续了亚里士多德未研究完的幸福理论。塞利格曼是积极心理学新领域的带头人之一，也是《持续的幸福》这本书的作者[①]。根据塞利格曼的观点，我们力求实现的应该是良好状态，而不仅仅是快乐，他认为快乐是一维的，是稍纵即逝的。赛利格曼将良好状态划分为五个方面，即：积极的情绪、参与感、良好的人际关系、价值以及成就（PERMA）。

积极的情绪是感受快乐生活的基础，这包括温暖和乐趣，还有那些与基本幸福相关的情绪。就拿米哈里·契克森米哈伊（Mihaly Csikszentmihalyi）的作品来说，他描写了当你失去自我意识并且用全部精神与情感力量运转时，你是怎样在一种"流动"状态下。他分享的这一级别的参与度是需要挖掘出你的最大力量和才华。价值的构成通常超出他所描述的那种带有积极情绪和参与感的个人体验。价值是关于我们是谁，我们如何存于世。它关系到的不仅是此时此刻，也不仅仅是自我。

那么，这一切如何体现在生活中？这一领域的最有意思的作品和研究重点都在育儿上。事实证明，作为家长，尤其是单亲家长，其经历是与传统的愉悦感和快乐感呈负相关的。研究表明，同类人之间相比较，有孩子的人的生活乐趣远低于没有孩子的人。这百分之百符合我个人经历以及我所知道的其他父母们的情况。育儿会使你手忙脚乱，但成为家长也是我生命中很重要的一部分，我不会把我的孩子交给那些没有孩子的朋友（嗯，一个星期都不要）。育儿是非常有价值有回报的，虽然这个过程既不吸引你也不会带给你快乐。

为了理解良好状态的五个组成部分之间的关系，英国学者马修·怀特（Matthew P. White）和保罗·多兰（Paul Dolan）让人们根据活动带来的

[①] Seligman, Martin E.P. "Authentic Happiness: Using the New Positive Psychology." *Authentic Happiness*. N.p., Apr. 2011. Web.

快乐程度和他们参加活动的收获来评价这些活动①。志愿服务从中脱颖而出。这是最受好评的活动,不仅有乐趣(即积极情绪和参与感),还有收获(即价值)。

因为做了十几年的志愿服务,所以我对此并不吃惊。抽出时间做志愿服务,你会收获许多,并且会从中感到快乐。不过,我也了解到专业志愿服务就是毫无保留地贡献出你力量和才华,相比传统的志愿服务,你从中会收获更多,而且会更加快乐,因为它将价值和参与感这两者结合了起来。正如约翰·加德纳所说:"真正的幸福在于全力以赴②。"

我在第一章中分享的一句主根专业志愿服务咨询师所说的话完美的总结了这一理想:"唯一阻碍我帮助他人的是我对计算机自动化的热爱。我想将这两件事结合起来"。他想将价值和参与感结合起来,他打算通过参加专业志愿服务来实现这一目的。

当我们将价值和参与感结合起来时,我们所收获的良好状态级别最高且最持久。可以说专业志愿服务对于那些尚未在生活中实现所需价值的人而言是一个不错的额外选择。

附加选择有时很有必要,但更重要的是我们应调整生活状态,以一种更协调的方式继续生活下去。大多数人一周至少有一半的清醒时间用于工作(图4.1)。如果在这里我们没有一个远大的目的,那么贯穿整个人生我们也不太可能有这样的目的了。目的使我们茁壮成长;在我们用大部分清醒时间去做的事情上——也就是工作,我们需要目的。

良好状态对于工作而言至关重要。为了在小范围内可说明这点,总协会对美国人进行了普查,问如果他们突然得到一大笔钱,足够过一辈子的奢侈生活,有多少人愿意放弃现在的工作。近四分之三的美国人表示不会放弃工作。在工作上感觉自己颇为成功的美国人认为自己很快乐的概率比那些在工作中没有这种感觉的人要高出二倍③。

---

① Senior, Jennifer. "All Joy and No Fun: Why Parents Hate Parenting." *NYMag.com*. N.p., 4 July 2010. Web.
② Gardner, John W. *Self-Renewal: The Individual and the Innovative Society*. New York: Norton, 1981. Print.
③ Brooks, Arthur C. "A Formula for Happiness." *The New York Times*. N.p., 14 Dec. 2013. Web.

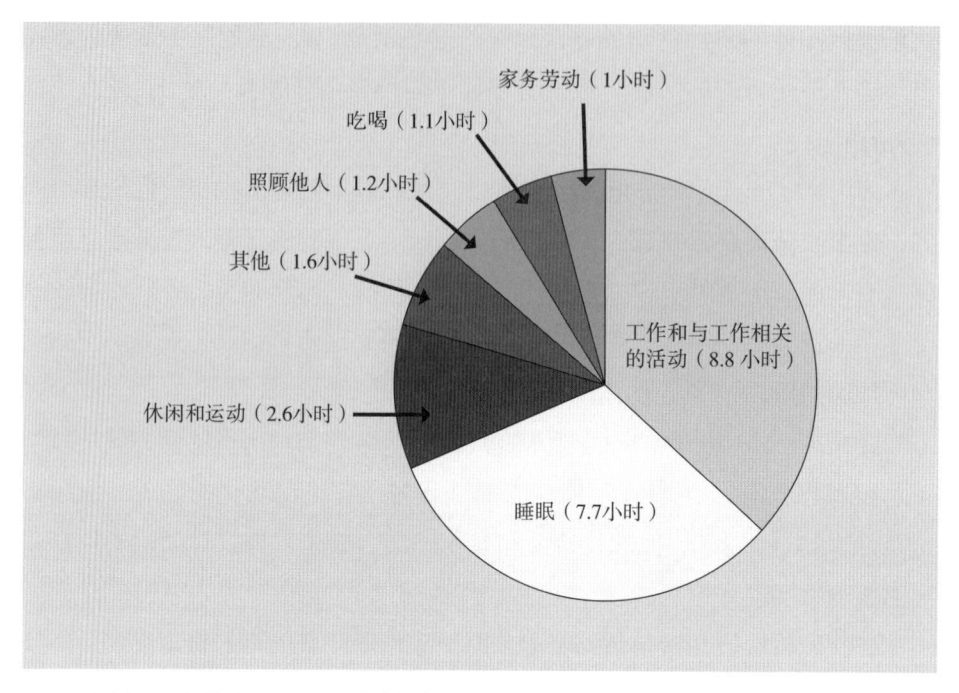

图 4.1　年龄在 25～54 岁之间的有孩子的在职人员普通工作日的时间分配
资料来源：劳动统计局，美国人时间使用调查，2012

> 幸福不仅在于拥有金钱，而在于取得成就时的喜悦，努力创造后的兴奋。
>
> —— 富兰克林·罗斯福

对这一体系的沉重一击

汤姆·埃丁顿（Tom Eddington）是休伊特咨询公司的合伙人。他曾是该公司最早一批员工之一且刚从伦敦调过来，在伦敦工作期间，他帮助公

第四章 目的的重要性

司扩大了在欧洲的业务。他的团队和他的客户都很尊敬他。他在工作中做得很棒，他为他所做的工作感到自豪。他家庭美满，收入颇丰，每隔两周休伊特咨询公司就会给他发薪水。如果你和任何人谈论他，他们紧接着会说他是个"好男人"，也是受人尊敬的领导。

以上就是我印象中的汤姆，我是在主根基金会与休伊特咨询公司合伙建立人力资源服务时遇到的他。他同意成为我们的执行负责人，负责在这一区域试行我们的第一个项目，最终他加入了我们的董事会。他看到了人力资源领域对专业志愿人员的需求。

就在这个时候，发生了一件事，彻底改变了他的生活。几年前，他住在康涅狄格州时被一只蜱虫咬伤，并出现了莱姆病的症状。起初他还不清楚病因，但是看了全国各地的医生后，他得到了一个可怕的诊断。汤姆的整个世界发生了天翻地覆的变化。他不得不向休伊特咨询公司请假，专心养身体。他的生活开始变得分崩离析。他曾把自己的生活重心放在事业上，现在这一切都破碎了。他在成长过程中一直以钱和地位来衡量一个人的成功，他也以此向世界证明自己价值。但是现在他不清楚是否还有再次从事工作的能力。

正如他所说："一切都破灭了。"这让他有机会开始清楚地做出明智的选择。他怀着满腔热情，纠结着自己到底要做什么，并开始逐渐将这些情感投入到在主根基金会的工作上。

汤姆通过专业志愿服务接触到了贫困群体，感受到了来自社区的广泛需求，他周围团队的人与他的认知颇为相似。他认识了自己团队中的一个人，这个人曾是非常成功的专业人士，后来突然失业了，在失去了头衔和职位后仍放不下自己的身份。他很有天赋，但却没了自信。他被困在了这样的处境下，但通过与专业志愿团队工作，他开始找回了自信并找寻到了更远大的目的。

汤姆用了五年时间恢复健康，并开始有强烈的自我认同感，这并非来源于他的童年时期，他人的期望或传统上的事业成功等这些外在的激励因素。他可能会是第一个说他还没有对自我认同感有一个全面透彻的认识，但已经达到了临界点。他意识到，自己所受的教育和作为领导者所接受的指导都未能带给他通往成功所需的最有价值的东西——觉悟。

学习、赚钱、回报

在最近的一次TED演讲中，道德哲学家彼得·辛格（Peter Singer）称改变世界最好的方式是从事金融行业。你可以赚很多钱，然后捐出去。如果你赚得足够多的话，你可以给许多救援人员发工资，这比自己成为救援人员有更高的社会投资回报，最重要的是你也会变得富有。

这就是"学习、赚钱、回报"的寓意，我第一次是从时任雷曼兄弟公司总经理的托妮·拉贝莱（Toni La Belle）那里听说的。遇见托妮时我正为主根基金会在纽约市开设办公室。几十年来，托妮一直是企业权威人士，最近通过董事会服务开始活跃于社会公益领域。像她的同龄人一样，托妮从小就成长在"学习、赚钱、回报"模式下。美敦力公司的前CEO比尔·乔治（Bill George）大力推广了这一体系。退休后，乔治成为哈佛商学院的老师。他的课程《正北》（*True North*），主要帮助学生培养软技能，这一课程很快风靡于哈佛商学院。他的同名书概述了"学习、赚钱、回报"这一模式，以及它是如何在数十年来一直作为执行蓝图的。

这个想法是这样的。你用生命的头三十年来体验世界。你将生命的前三分之一用来学习技能，认知自己，你会获得新的经验并确认自己的方向。你生命的第二个三分之一是你最具赚钱潜力并担任领导者时。你开始担任领导职务，并在你50岁的时候达到生命的巅峰。你生命的最后三分之一是专注于回馈。那正是你为未来几代人及整个世界进行重新投资和回报的时候。正如比尔·乔治所说，在这一时期，这些领导人会参与董事会工作，专注于通过教学、指导和辅导后辈，去分享他们的人生智慧。

第四章 目的的重要性

构建新模式

随着时代的发展,"学习、赚钱、回报"模式对现在这个时代来说远远不够。它不再适合我们的社会,也无法满足新生代的需要。模式的最优化是将这三者全部融入职业生涯中。我们必须不断学习、赚钱和回报。对于成功的职业生涯而言,我们需要持之以恒的学习才能获得成功,而那些一心想先爬上高位再去回馈社会的人往往无法获得他们想要的成功。即使他们真的获得成功,在不断追逐职业发展而忽略更高远目的的过程中,他们也会失去三十年或四十多年的生活乐趣。

珍妮弗·本兹(Jennifer Benz)是这一模式下的代表人物。她已35岁,可以自主将"学习、赚钱、回报"这一理念融入工作中。这是她有意识地保证三者平衡的做法。她是我有幸认识的最幸福、最富目的性的人士之一。

珍妮弗于2006年开始经营一家福利交流机构,她因为生意上的成功被列入了旧金山顶级小企业名单,以及 *Inc.* 杂志的年度排名。她的公司是湾区最大的由女性企业家经营的公司之一,对此她感到非常骄傲。她没有像"谷歌"或"苹果"那样能赚钱,但是她(和她的团队)也赚了不少钱,并在蒸蒸日上的商业经营中找到了自己的位置。她最喜欢的工作是不断学习。随着医保政策的变化,她必须时刻准备为客户服务,她的工作就是要比其他人都更了解这个领域。再加上学习如何经营企业,她不断面临挑战,这也使她逐步成长。每年,她都会有新的进步与成长,在机构内外都是如此。

员工福利交流听起来可能不像是一个影响力颇高的领域,但珍妮弗已经看到了它带来的不同之处,并坚信自己正在对人们的生活产生重大影响。大公司在员工福利上投入有数百万美元,但许多员工并未利用好这一福利。大多数公司并不擅长向员工解释清楚他们的福利,因此员工往往什么都不知道,并且对自己的选择感到困惑。当珍妮弗与焦点小组或是与员工谈话时

[译者注：焦点小组座谈（Focus Group）是由一个经过训练的主持人以一种半结构的形式与一个小组的被调查者交谈。主持人负责组织讨论。焦点小组座谈的主要目的，是通过倾听一组从调研者所要研究的目标市场中选择被调查者，从而获取对一些问题的深入了解。这种方法的价值在于常常可以从自由进行的小组讨论中得到一些意想不到的发现]，她对目的有了更新的认识。人们在面临健康和财务决策时，经常会不知所措。他们真心感激老板提供的公平教育机会及支持，并从中感到安慰。正因如此，每个人都可以做出更好的抉择，并取得长期进步。

她还发现在员工福利行业支持员工是很有意义的，她在这个行业已经成为一位有影响力的领导者。这是一个由保险公司和金融服务公司共同管理的行业，行业里大多数领导人都是男性，比她年长20多岁。作为一名行动主义者，还是个相对年轻的女人，她能够帮助把关键问题摆在桌面上，这最终会影响到千百万人的生活。

但是于珍妮弗而言，这远远不够。她融入员工的生活中并带领公司做了相当多的公益服务。他们为健康婴儿联盟（Text4Baby）工作以支持大规模的公共卫生运动，同时珍妮弗也是多个社区委员会成员。她还在世界各地为低收入人群提供卫生保健志愿服务。这些付出使得她将重点放在其带来的影响上，并保持自己的观点。她不仅找到工作中同时融合学习、赚钱和回报的理念；她还使每个部分都成为其他部分的延伸。平衡它们实际上会增加每部分，而不是消耗任何一部分。她通过回报来学习，通过赚钱来回报，这是良性循环。

懂得珍妮弗如何同时把这些部分都融入工作中至关重要。这一新说法提出了一个理念，我们不应该到60岁再重新审视这些，而是从一开始就应将其融入职业生涯中，并贯穿一生。

第四章　目的的重要性

目的优先

埃米·瑞斯尼斯基为耶鲁大学管理学院的 MBA 学生讲授课程，以帮助他们全面规划自己的职业生涯。这是一门强大的课程，需要学生们进行大量的自我反思。她的大部分工作时间都是与学生在一起，成为他们实际意义上的职业教练。

耶鲁大学吸引着那些倾向于以目的为导向的学生，而且极少有学生没带着对世界产生影响的想法来上课。不过，埃米发现，这些学生在高盛投资公司攒完钱之前，通常会拖延职业生涯目的。他们要先攒六年钱，然后在去专注自己的目的。

为了进一步激励学生去思考，埃米让学生想象下如果在类似高盛这样的公司工作，自己这六年的生活会怎样。"你现在正处在一段认真的恋情中，你想过接下来自己会结婚吗？你会有孩子吗？你的孩子们会和高盛其他员工的孩子一起读私立学校吗？当你辞职时，你的孩子们就不能读那所学校了，你的配偶会是什么感受？他们会如何看待生活质量的突然下降？你真的要这样做吗？"

许多律师也陷入了此类困境。他们进入了专注于社会正义及影响的法学院，最终通过在一家大公司做法务工作并赚取大笔资金偿还债务。很快他们就沉迷其中，他们的目的被深深搁置了。

但是正如我稍后会在本节中提到的，答案一定并非在华尔街工作或在知名律师事务所就职。珍妮弗·本兹并没有成为一名修女，也没有被禁锢在贫穷生活中。她将目的与所做的工作融为一体，目的没有阻碍她前进，而是推动她勇往直前。

目的与表现

几年前,埃米·瑞斯尼斯基教授和斯沃斯莫学院的社会心理学教授巴里·施瓦茨(Barry Schwartz)向我介绍一些关于工作方向的突破性的研究。通过对从事卫生保健和教育的人进行研究,他们的团队发现几乎三分之一的人把工作看作主要是为了实现自我成就感和服务于他人。其他三分之二的人把工作看成是生活中不得不做的苦差事,工作是为了支付账单或是为了在家庭和同伴中赢得尊敬。

引人注目的是,埃米、巴里和他们的同事发现这些有内在动机并发现工作有成就感的人更有可能表现得更优秀,也更有可能获得更大的幸福感。这些观察和发现使我脑洞大开。

我们开始想知道:通过测量美国全体劳动者,我们能否得到同样的结果;能否找出这些具有目的导向的劳动者,这样我们就可以进一步研究是什么让他们与众不同。大多数公司和非营利机构已经对他们所聘用的员工做了测量,但是他们忽略了最重要的方面:他们没有任何数据是关于劳动者工作目的的内在动机。

于是我们设计了一个新的调查,不仅包含原有的调查内容,而且也调查与那些没有目的同伴相比,他们的工作表现和工作满意度。这个调查设计是受到与我们一起共事的十几个公司和数以万计的专业技术人员的启发。我们调查了具有代表性的美国劳动力样本,对各行业、各种工作和人口特征进行随机的全国调查,为的是去了解和衡量我们工作中的成就感水平和工作的意义。我们的目标是去发现对于那些在工作中蒸蒸日上的人的衡量标准。如果我们发现了这些衡量标准,我们就可以揭开提高劳动者热情、创造力和满意度的秘密。

你是目的导向型吗？

在揭示目的导向型工作者的特征调查结果前，最好检查一下你自己工作中目的导向的水平。下面是一个简单的评估，它是一个可靠的不同的分类，你很容易看出自己属于哪一类别。这个分类是建立在工作方向研究基础上。这是对美国2015年劳动力的代表性样本进行的评估，经过Imperative（由赫斯特创立的旨在推广目的经济的机构）和纽约大学的验证。它也经过领英（LinkedIn）的成功验证，领英在2016年参与此评估验证的有26000名成员，他们来自全球，说15种不同语言。

下面是人们解释工作在他们生活中所起的作用的三种不同描述。在1（低）到5（高）来打分，以下每种工作观与你自己的工作观契合度是多少呢？

"A"认为工作是无法逃避的，是必须要去做的。工作的主要原因是有足够的钱养活自己和工作以外所需。如果"A"赢得了彩票，他／她会停止工作去享受生活。"A"的生活是为了周末，当工作侵犯了他的个人生活时，他会生气。"A"不喜欢和别人谈工作，他的社交关系和他的工作基本上没有联系。"A"对于自己的工作生活没有很大的控制力，如果给予机会，他可能会去选择干其他的事。

"B"认为工作给了他成功和证明自己的机会。"B"很有策略，工作努力表现优秀，想在事业上晋升。为了能够更快地向上发展，"B"愿意把自己的时间投资在他感觉乏味枯燥的任务上。"B"希望在未来的几年中能够有更高的一个职位。

"C"认为工作有潜力成为他生活中有价值和意义的部分，即使偶尔会有压力和困难。"C"喜欢交谈并且常常思考自己的工作，也愿意与同事建立关系。"C"感觉他的工作生活基本上是由自己来掌控。为了做自己喜欢的工作，"C"做出牺牲，他对他人和世界都带来了积极的影响。

> 诠释：
>
> 如果你给"C"的打分是4或5，而其他两个的打分都不高于3，你可能是目的导向型的。在Imperative的研究中，你很可能是一个事业上表现优秀的人或者是一名领袖。重要的是，你在任何工作中都会比你的同事更有成就感。
>
> 如果你给"C"的打分是4或5，而其他两个的打分也都是这样，你可能是目的倾向的人。这意味着你能看到目的在工作中的潜在作用，但是还是不能放开外在的动机和恐惧，这会使你无法实现目的带给你的好处。
>
> 如果你给"C"的打分不是4或5，你就不是目的导向型的。你的注意力放在外在动机上，受惧怕的驱使，这会阻止你实现自己在工作中的潜力，很难有成就感。

目的导向型工作者

我们所做的调查叫劳动力目的指数，是2015年末和纽约大学的安娜·塔维斯（Anna Tavis）博士一起合作进行的。我们分别从行业、年龄、职业级别、教育水平和收入水平等方面来对参与者进行调查。

这份调查证实了无数故事所揭示给我们的东西：目的导向型的劳动者在所有主要的衡量中表现都一贯地要优于他们的同伴。尤其在绩效方面要优于同伴，有潜质成为领袖并且能够更长久地处于领导位置上，他们在工作方面也比同伴有成就感得多。

通过这项调查，我们发现工作中有目的感并非来自花哨的工作头衔。为了有更高的成就感，这些在工作中有优秀表现的人想要在工作中产生影响力——无论是对他们的客户、同伴、公司或是整个社会。他们愿意接受挑战并去尝试新事物。他们想要与人建立真正的关系。

这也证实了我在主根基金会筛选专业志愿服务者的申请时所注意到的事情。目的导向型工作者会在以下三个方面寻找机遇（图 4.2），在工作中创造意义。目的是行动，不是仅仅停留在书面上或说说而已。

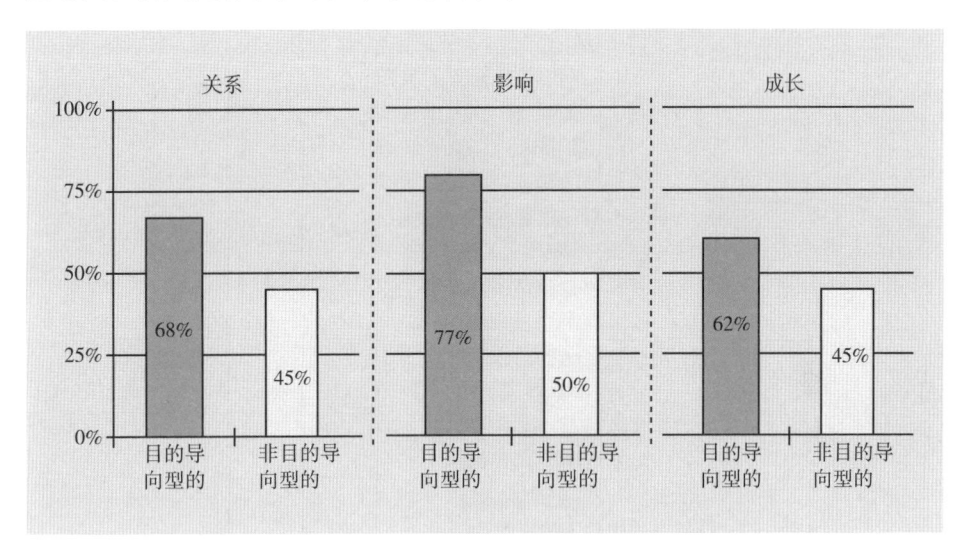

图 4.2　目的导向型与非目的导向型的工作者机遇对比

资料来源：2015 年劳动力目的指数

具体参见以下网站：imperative.com

这三个方面预测性的衡量是劳动者有成就感的主要因素；有助于他们发展和保持关系，帮助他们做更大的事情，有助于他们个人和专业上的成长。当我们积极地把这三个方面与工作结合时，收获的就是工作内在的和外在的成就感。如果我们不去关注这三个来源中的某一个，而去追逐金钱或地位，我们会暂时感觉到幸福或有成就感，但会缺乏更深层次的成就感。

目的导向型的员工会在工作中建立有意义的关系的可能性会比非目的导向型的员工要高出 50%，他们能在工作中带来的影响的可能性要比非目的导向型的员工高出 54%。令人吃惊的是，目的导向型的员工感受到成就感的可能性要比他们那些把工作等同于收入增长和地位的同事高出 64%.

成为一名目的导向型工作者不在于你从事哪一个行业或是你做什么样的工作。与我们所认为的相反，目的导向型工作者并不都是教师和社会工作者，他们有会计、律师、助理、销售人员和门卫（图 4.3）。我们社区中表

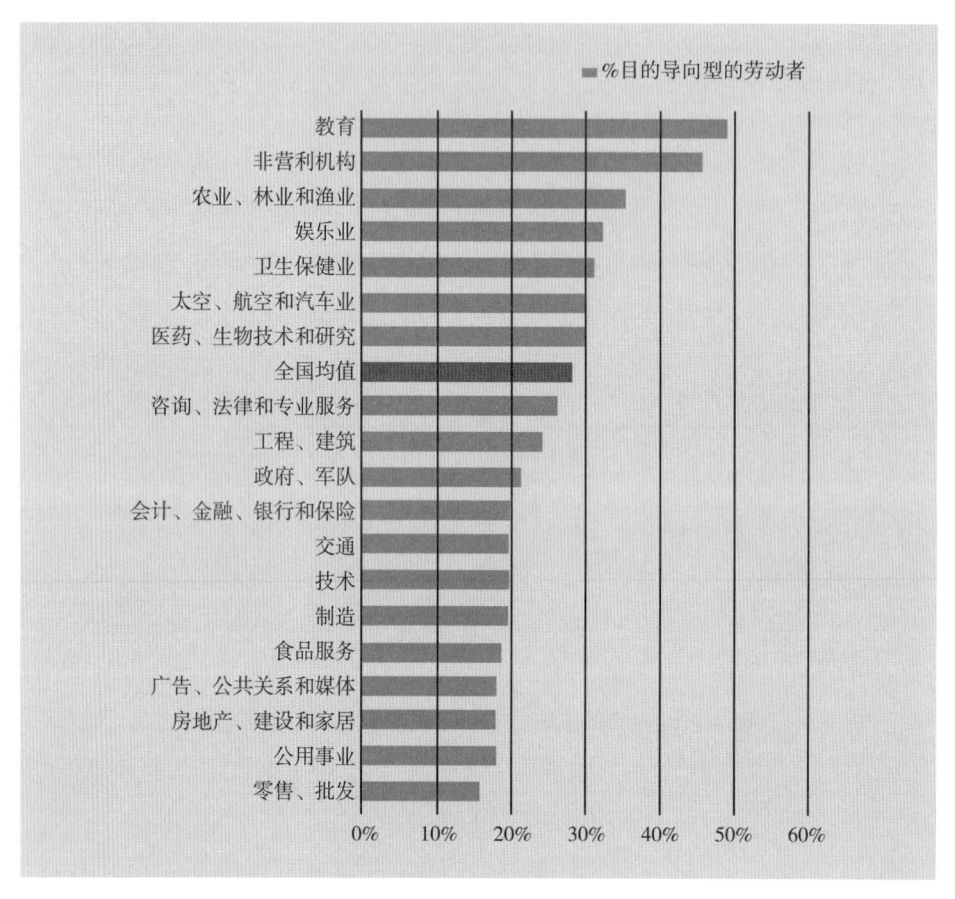

图 4.3 各行业的目的导向

资料来源：2015 年劳动力目的指数

具体参见以下网站：imperative.com

现最好的和最慷慨的成员会出现在各种职业和行业中——从咖啡店的员工到教师，从焊接工到哲学家和公司 CEO。

然而，最重要的是，这项研究表明目的导向型员工对企业是有好处的。他们更有可能会干得时间更长，更有可能升到领导地位，更有可能推进公司成为一个工作的好地方。当问到他们是否会推荐朋友或同事到他们的组织工作时，大多数目的导向型工作者都会说"是"，然而他们的同事的回答却是"否"。非目的导向型工作者不在乎自己的品牌，会伤害到雇主的声誉，然而他们的目的导向型的同伴却是品牌大使，能够吸引更多的目的导向型的人才（图 4.4）。

第四章 目的的重要性

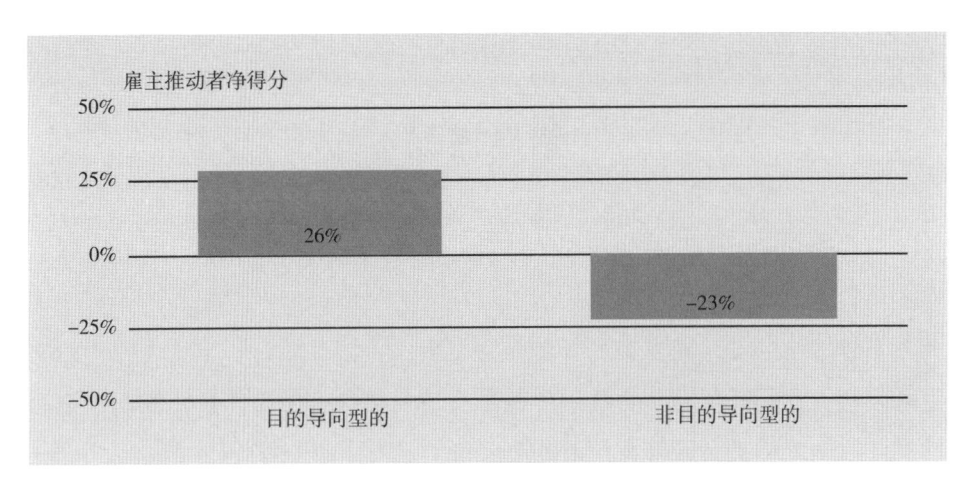

图4.4 目的导向型和非目的导向型工作者的表现

资料来源：劳动力目的指数
具体参见以下网站：imperative.com

数据的主要结论：对于任何雇主来说，最重要的计量标准就是他们团队中目的导向型工作者可能占的比例。

目前，美国劳动力中，4200万人是目的导向型的，仅仅占到全体劳动者的28%。其他29%的劳动者是目的倾向型的，有成为目的导向型的劳动者的潜力。剩余的是非目的导向型的（图4.5 工作者导向分布）。

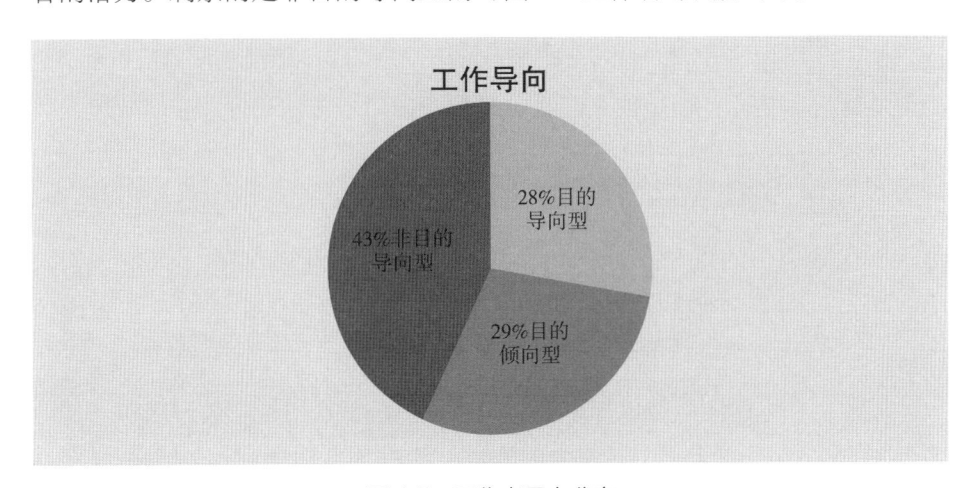

图4.5 工作者导向分布

资料来源：劳动力目的指数
具体参见以下网站：imperative.com

错误搭配

有目的导向被证明是使员工达到良好状态最重要的特征，目的导向型工作者是驱动经济发展的沉默的大多数。在人力资源、职业发展和企业管理领域占主导地位的理论建立在这样一个假设上：金钱、晋升和自我是劳动力的驱动因素。我们还没有一套聘用体制来支持目的导向型工作者，我们经常用的激励措施最终都会破坏我们的战略愿景。

看一下塔奇纳（Tachiana），她24岁就从销售代表晋升为她工作单位销售部门的领导，在她所负责的地区有高达50%的年增长销售量。她与全球的同事和客户建立了强大的关系网。干了三年之后，塔奇纳想做出更大的影响。她喜欢与拉丁美洲的客户合作，在为自己设立目标时，她看到了在这一地区扩展业务的机遇。

她请求她的主管给予她三个月的时间在拉丁美洲学习西班牙语，以便可以更好地了解她的客户。主管拒绝了她的要求。

塔奇纳对公司的经营方式感到失望。一年后她辞去工作到拉丁美洲旅行，学习西班牙语并成为一名志愿者。公司聘用了一名新的销售部主管，他的简历写得非常棒，但是他只注重自己的晋升而不关注与客户和团队建立关系。最终，他未能胜任。

当我们回顾这一研究时，塔奇纳取得成功的原因、她离开的原因以及为何替代她职位的人失败，这一切都很清楚。我们现在明白了为何一些人会成功，也明白了那些雄心勃勃的向上爬的人所遇到的由自己亲手构建的陷阱。

思考：在你的团队或组织中谁是最有价值的成员？谁不仅自己能一贯地表现卓越还能带着其他人一起向前发展？你们团队没了谁就会遭受重大打击？认真地去想一想每个人。

到底是什么有力地激励他们去做事情？是金钱吗？晋升吗？创造价

第四章 目的的重要性

值吗？

当被问及他们组织中最有价值成员时，人们可能会指出一些个体，他们的动机不是为了金钱或是晋升，他们注重于在工作中带来影响和成就感。他们专注并且总是在寻求增加价值的办法。这就是我们团队所想要的人——像塔奇纳这样的人。

当遇到体制无法支持他们时，许多人士就会彻底离开准备自己干。2009年，美国1400万自己单干的劳动者中有超过17%的认为自己是独立的承包人或自由职业者，主要集中在销售、信息技术、创意服务、市场和运营部门。

想要更有目的性的动力解释了他们中大多数的选择，那就是他们从主流的公司中离开。X世代（指出生于1965—1976年的美国人）和千禧世代的人已经进入劳动力市场，有更多的专业人士尝试其他的方法去做有意义的工作。

Elance（现在的Upwork）首席执行官法比奥·罗萨蒂（Fabio Rosati），他在工作中与自由职业者合作，他首先看到了这一运动的出现。自由职业有许多好处，但是法比奥看到它的核心是意义的力量。法比奥的成长是在意大利的佛罗伦萨，他喜欢把自由职业运动比作文艺复兴。他明白大多数自由职业者有点艺术家的范儿——他们都是其所在领域的专家。有着这样的才能，他们不需要把自己限制在公司里或是格子间和办公桌前，他们想自由地工作。法比奥指出，正如佛罗伦萨文艺复兴时期的艺术家一样，他们必须卖掉自己的艺术品，这意味着他们必须成长并且有能够支持他们创作的客户。

当然，也有很多人从事自由职业是出于必需，特别是随着金融危机的爆发。法比奥指出，被动成为自由职业者的人倾向于对工作有一个不同的看法，还是会把它看作是一个更为传统的工作。但是对于那些自己选择从事自由职业的人来说，他发现他们从事此职业很大程度上是出于想去更多地掌握自己的命运，而这成了他们目的的来源。

当问及他们是否会喜欢一个更传统的工作环境时，不到十分之一的自由职业者表示他们愿意回到传统的工作安排中。Elance 把从事自由职业的人们叫作以"不同的方式去工作",并且发现有这么多人选择自由职业这条路是因为他们被公司生活所限制,他们想有能力去选择他们的客户。

法比奥也看出自由职业者经常会乐意帮助其他人并直接和客户打交道。他们通常都是个体的援助者,非常喜欢帮助别人,不管是去帮助一个努力实现自己愿景的企业家或是去帮助一个无法完成公司不断加大的工作量的人。他们也喜欢互相帮助,为了建立他们的人才库,他们越来越多地聚在一起,并且形成了一种松散的组织。

> 合成股份公司(Synthesis Corporation)由我的朋友阿里·沃勒克(Ari Wallach)经营,他已经为复杂的咨询服务创建了新模型。沃勒克与新闻媒体、国务院和国家资源防御委员会这样大的组织在策略咨询方面进行合作,都是由他一人出面搞定。沃勒克对于他这个领域的自由职业者非常了解,他与最优秀的自由职业者合作完成一些通常都需要大公司去承担的项目。沃勒克的模型是专业服务领域的新现象。沃勒克的团队不是在创造一家新版的贝恩公司(Bain)或麦肯锡公司(McKinsey),他们独立创业并建立了一个自由职业网络来支持自己的创业。

越来越多的人在规划自己工作时试图创建组合事业。法比奥注意到:当千禧世代的人进入职业生活时,一种新型的劳动力已经出现。他们中的大多数人都不会有传统意义上的事业或是长期为一家公司工作。这些目的驱动的专业人才几乎都离开了公司,他们更多地去关注自己有激情去干的工作。这样,他们更像是自我组织,受聘于一些项目,但是核心上还是独立的。

这种转变的工作身份,有目的导向,改变了员工管理方面的一些最基本的认定。对于目的的经济的一个组织来说,对人才的定义是特别广泛的。既包括传统的雇员,也包括自由职业者,它越来越多地把志愿者和消费者也包括进去。建立一个繁荣的组织意味着能够知道何时需要让这些小组参与进来去一起完成工作，同时去建立一个能调动起人们热情的和有弹性的文化，而不是人们觉得手脚受拘束。

为了我们的员工、企业和经济更好地发展，现在是我们应该重新看待招聘、发展、人才分析、晋升、回报和管理的时候了。

目的导向型的专业人士的兴起

我们也看到一种趋势，越来越多的目的导向型的专业人士进入劳动力大军。通过对卫生保健和教育两个行业的研究发现，从 1997 以来，目的导向型工作者比例增加了 10%。

在 Imperative 对密歇根大学、西雅图太平洋大学和格林内尔学院的学生们做的跟踪研究中，发现了关于 Z 世代人的令人鼓舞的消息。这个世代的人们现在正进入劳动力大军中。学生中有 47% 的人是目的导向型的，这要比劳动力目的指数调查中的那些受过大学教育的参与者 34% 的这个比例高出 13%。

目的导向型的大学生在进入工作领域前就比他们的同伴要优秀和突出。他们更有可能在学校多付出一些以便能够带来影响，他们的影响力是通过为其他学生提供学业上的帮助或是同情心上的支持，尤其是他们积极参与班级的活动，服务社区里的其他人。

作为新经济出现的征兆，31% 参与调查的学生，不仅仅是目的导向型的学生，表达了他们用确定"目的"代替确定"专业"的兴趣，他们所选修的课程也都是对他们实现所设立"目的"有所裨益的。

目的的馈赠

密歇根大学最近的一项研究提供了一个最具说服力的观点，假设将目的放在工作中的首要位置这件事对于今天的你来说需要更多动力，也就是你的工作方式最有可能传到你的孩子们那里。他们虽不一定会采纳你的目的，但他们极有可能在工作中有一个优先设定的目的。

当我了解到这一研究时，反思了下自己的经历。我家里的每个人都把工作和目的融为一体。然后我问一些认识的人，他们和他们的家人也把工作和目的融为一体，几乎每个人都说他们的父母是有目的导向的人。

这意味着，通过付出过程艰难但有回报的努力，将目的灌输到工作中，你不仅仅自己会更加幸福，你的孩子也会更加幸福。如此延伸下去，你正在影响着子孙后代。说到这，你应该有足够的动力今天就做出改变，也就是说带着目的去工作。

第五章　破解目的之谜

等一下——我独一无二的目的怎样了？

——《愚笨的人》，1979年

那么，你如何最大限度地将目的融入工作中？幸运的是，对这个话题的研究越来越多，这也为实现它铺了一条星光大道。关键是我们要明白不同的人找寻目的的方式不同，但无论如何你必须找寻到自己的目的。我们所了解的工作目的绝大部分源自好莱坞。故事是很有效的学习方式，但我们在荧屏中看到的很多故事会浪漫化我们工作中的目的，他们创造了关于目的的迷思，这事实上使我们更难将注意力放在真正重要的事情上。也许这些迷思带来的最不理想的一面是它们暗示目的不是属于每个人的，这是我基于我与成千上万的专业人士合作的经验，以及关于这个话题的最新研究所得到的——这越来越接近真谛。

让我们冲破迷思的束缚！

迷思1：目的 = 事业

在与成千上万找寻目的的专业人士共事时，面临最大的障碍就是他们普遍认为找到自己的事业是很重要的。当专业人士结束主根基金会的专业志愿顾问迎新会时，他们通常很兴奋，想立马开展项目。他们等不及了。

话虽如此，在我们最早的一个项目中，我们花费了大量时间试图让主要由X世代志愿者组成的专业营销顾问加入这一团队。该项目是为一个重要组织做品牌命名工作，该组织为旧金山最具挑战的社区的低收入老年人群体提供里脊肉。当我把项目交给我们的专业志愿顾问时，他们恳求给他们分配另一个项目。他们说："我很清楚帮助老年人很重要，但我才32岁，这件事真的让我兴奋不起来。此外，你有关于孩子或环境的项目吗？我真的很热衷于帮助孩子和环境。这是我们的未来。"我们告诉了他们组织的迫切需求，并让他们考虑一下尝试去做品牌命名那个项目。如果到最后他们还是不满意，下一轮项目我们会让他们优先选择。他们很不情愿地同意了。

九个月后，我收到了一封令我吃惊的电邮。专业志愿咨询团队的领导人要求我去市政厅参加维护旧金山老年人的基金的会议。结果表明他们不仅在这一组织的品牌命名方面做得极为出色，还成了该组织的现行营销委员会成员，其中有几个人更是成为捐助者。

我们中许多人认为应当根据内心的真实召唤来找寻相关事业。我们想知道我们内心的召唤是帮忙救治单腿小猫，还是找到治愈癌症的方法。好莱坞明星通过高度关注某一特定问题推广了这一理念，如乔治·克鲁尼（George Clooney，达尔富尔问题）、布拉德·皮特（Brad Pitt，新奥尔良问题）、安吉丽娜·朱莉（Angelina Jolie，难民问题）和马特·达蒙（Matt Damon，水相关问题）。我们的一些老政治家也是这样，像艾伯特·戈尔（Al Gore，环境问题）和前总统吉米·卡特（Jimmy Carter，人类家园问题）。

宿命这一观点是美国迷思的一部分，不仅适用于社会公益事业。它关乎我们生活中方方面面的核心迷思，从爱到事业：谁是我唯一的真爱？当我长大后我会变成什么样子？

我经常为有这样思维方式而感到罪恶。当你在寻求资源或吸引他人注意时，说你的成功归于好的宿命。人们想听的是你知道自己将会成为医生／篮球运动员／总统／企业家，哪怕那时候你刚会迈第一步，仍穿着尿布。一旦你成功了，他们就期望你写个与这一迷思相符的自传版本。

宿命的确可以构成一个引人入胜的故事，但这一概念不仅是误导性的，还会极大伤害下一代，因为它设定的期望是不切实际且有害的。几乎所有找我面谈的职业人士都为他们没有找到自己的事业而感到遗憾。当然有特定的一群人以一种奇特的方式推动事业，这通常源于个人悲剧或个人经验。也许他们触动于母亲死于癌症，或者孩子死于枪支暴力。然而，这只适用于极小部分人，而且这也绝不是找到目的的唯一方式。

对于另一些人而言，寻求目的是找到一个方向，而不是终点。也就是说，目的是需要有行动的，而不是只停留在口头上。我们可能永远找不到真正使命，但是我们可以了解我们目的的不同表征，这可以帮助我们找到更有意义的事业和生活。

真相：目的不是事业，而是工作和服务他人的方式。目的需要行动，而不是只停留在口头上。

迷思 2：目的 = 奢侈

为什么美国的穷人捐赠其收入的 3.2% 用于慈善事业，而富人在慈善事业上只捐赠其收入的 1.3%[①]？为什么生活在富人区的那些人似乎并不大方？

为什么那些钱不多，受教育程度不高，没有好工作的人与有钱的同龄人

[①] Stern, Ken. "Why the Rich Don't Give to Charity." *The Atlantic*. N.p., 20 Mar. 2013. Web. 21 Dec. 2013.

相比更愿意说自己哪怕突然得到一笔钱,足够一辈子财务自由时,也还会继续工作[1]?为什么一个看大门的人中彩票后还会继续工作?而投资银行家却选择的是提早退休?(图5.1)

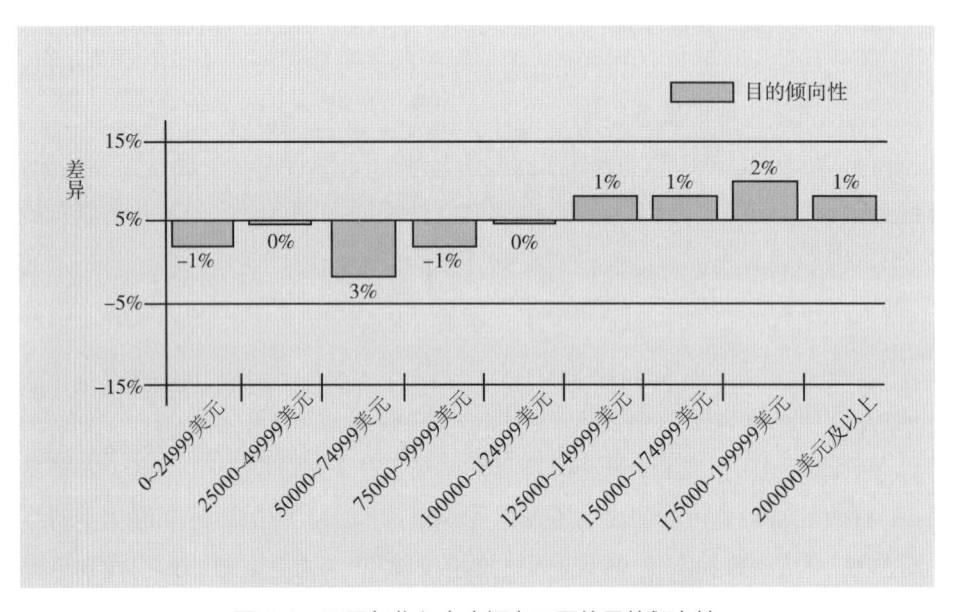

图5.1 不同年收入家庭拥有不同的目的倾向性

如果你跟工作不理想的人和来自穷人区的人聊天,他们对此并不吃惊。这是他们的亲身经历,而且每天都会见到类似的事情。洛杉矶中南部的一名牧师与我分享道:"作为穷人并没有很糟糕,只是不方便而已。"目的不仅是作为富人和有安全感的人的奢侈品。目的是一种普遍需要,即使在面临挑战的时候,也要将目的放在首位。

可以说,历史上最著名的目的倡导者是维克托·弗兰克尔(Viktor Frankl),他在撰写大屠杀期间在纳粹集中营的经历中彰显了目的的重要性和表现形式。他发现目的是他活下来的关键。

"一个人可能被剥夺一切,但在任何情况下他选择自己的生活态度和方

---

[1] "General Social Survey." *General Social Survey*. N.p., n.d. Web.

式的自由无法被剥夺,这也是人类的最终自由。"这句话堪称维克托《活出生命的意义》(*Man's Search for Meaning*)中的经典。

事实证明,在许多方面,目的的优先性与财富成负相关。金钱经常与找寻目的相冲突,因为它是定义成功的错误方式。

真相:目的是一个普遍需求,不是有钱人的奢侈品。

迷思 3:目的 = 启示

与"找到事业就可以获得目的"这一迷思紧密相关的另一迷思是"我们一下子就会找到目的"。我们只需要自顾自的走啊走,"砰"的一下,上面会劈下来一道闪电,将生活的使命揭示给我们。

的确,这通常说的是大英雄们找到目的的方式。蝙蝠侠看到父母被杀,于是在哥谭市打击犯罪就成了他的目的。超人发现同胞们都死于内战,于是促进和平与文明就成了他的目的。但事实是,对于普通人而言,这不是常态。

马塞尔·普鲁斯特(Marcel Proust)的经典名言:"我们不接受智慧;我们必须经过一段没有人能接受或宽恕我们的旅程来自己探索智慧。"

我们大多数人将工作 45 到 50 年。想一想。这差不多够经历十二次大学生活的了。而且在这个时期,我们将会从事各种各样的工作,对于越来越多的人而言,这些工作将涉及不同领域。我们有很多机会可以找寻到最合心意又最想为其付出一切的工作。

真相:目的是一段旅程,它不是从天而降的启示,而是对生活保持清醒,并寻求新体验的过程。

迷思4：只有一些特定的工作才能激发目的

行政助理日日都在辅助高管工作，对自己的工作流程没有任何自主权或控制权。他们的大部分工作都是重复的且颇具压力，但它有报酬，这样他们就能够得到需要的收入来维持接下来的生活。这仅仅是一个工作而已——一个朝九晚五的工作。嗯，这么说既合理又貌似不合理。但事实证明，这种说法是对的，但只适用于行政助理中的三分之一，更令你吃惊的是，这种说法在任何职业中都适用于三分之一的人[1]。我们的处事方式及态度远比我们做的事情更重要。正如俗话说："既来之，则安之。"我们从工作中得到什么往往取决于我们自己而非工作本身。

工作在人们的生活扮演的角色不尽相同。对于部分人而言，工作仅仅是工作而已。对他们来说，工作意味着薪水，他们也不指望从工作中获得其他东西。工作使他们有钱在业余时间享受生活——他们并没有找到工作的意义。而那些有事业的人将工作视为凸显自己的方式，所以他们更加关心工作。工作会给他们带来社会地位和权力，提升他们的自尊[2]。最后，那些有使命感的人将自己的工作与生活及价值观完美融合。他们认为工作是自我实现所不可或缺的，并将工作视为生活的一部分[3]。

埃米·瑞斯尼斯基和她的同事们发现，在任何职业中，有的人将工作视为职业，有的人将工作视为事业，有的人将工作视为使命。这更加证实了先前的研究结果，即每个人对工作的看法相比工作本身而言，更多是与其心理

---

[1] Bellah, Robert N. *Habits of the Heart: Individualism and Commitment in American Life*. Berkeley: University of California, 1985. Print.

[2] Wrzesniewski, Amy. "Jobs, Careers, and Callings: People's Relations to Their Work." *Journal of Research in Personality*, 31(1997): 21–33. Web.

[3] Staw, B. M., Bell, N. E., & Clausen, J. A.(1986). "The dispositional approach to job attitudes." *Administrative Science Quarterly*, 31, 56–77.

特质相关[1]。

埃米的另一项研究表明，将工作视为使命与员工的良好状态和健康水平呈正相关[2]。这意味着非常重要的一点：于个人而言你最好将工作视为一种使命，于社会整体而言我们需要鼓励职业人士将目的融入工作中。

真相：你在任何工作中都可以找到目的，全看你如何探索它。

迷思 5：目的 = 轻松

跑马拉松很伤人，脚上会起水疱，皮肤会被擦破，而且身体会疼痛。

然而，许多人都认为参加一次完整的马拉松比赛颇有意义。它将参赛者的身体和情感都推到了极限。

专业运动员跑马拉松看似特别容易，我们看他们跑起来很自然而且毫不费力。然而在现实中，运动员非常努力，并且在成功前要忍受戳心之痛。作为粉丝，我们很难看见他们受伤的时候，也看不见他们数千小时的无聊训练。赢得比赛令人欣慰，但这种满足感源于深度训练。

对运动员而言，付出和回报之间的关系很清晰，同样对于那些使我们深刻感受到目的的工作而言亦是如此。即使在做会带来很大影响的工作时，如果不去承担任何风险，没有任何的投入，我们的目的也就不那么强烈了。正如维克托·弗兰克尔所说："人最关注的不是获得乐趣或避免痛苦，而是找到生活的意义。"

正如珍妮弗·本兹所说，"目的不会帮助你从工作及挑战中解脱出来，

---

[1] Staw, B. M., & Ross, J.（1985）. "Stability in the midst of change: A dispositional approach to job attitudes." *Journal of Applied Psychology*, 70, 469–480.

[2] Berg, Justin M., Amy Wrzesniewski, and Jane E. Dutton. "Perceiving and Responding to Challenges in Job Crafting at Different Ranks: When Proactivity Requires Adaptivity." *Journal of Organizational Behavior* 31, 2–3（2010）: 158–86. Print.

它实际上会鼓励你离开所谓的舒适区。这样做可能会有更为艰难的失败与跌倒,但也会有更加令人欣喜的成功与收获。"

真相:目的需要自我付出。

目的的真谛

无论我们从事什么职业,我们的社会和经济地位如何,都需要有目的性。它不是只关乎事业或是一件通过启示发现的东西,它是一个具有挑战性且充满意义的过程。

第六章　目的的主体、方式和缘由

弗兰克·圣托尼（Frank Santoni）有几年曾担任南卫理公会大学天主教校园牧师。虽然他与学生经常谈论作为本科生日常面临的道德问题，但是他的咨询主要面对的是毕业后不断探索人生目的和职业目的的群体。

许多来自大学各个部门的教职员工会发现：他们和学生间的对话也与此类似。人力资源专家今天也一直面临雇员工作的目的性这类问题，这是对社会企业家进行诸多采访时要求他们做出回答的主题。这也是过去十年"人生教练"行业快速发展的推动力。

弗兰克离开南部卫理公会大学，成为达拉斯公益创投伙伴的执行董事，这是由该地区富人和慈善人士组成的非营利社交网络。在新岗位上，他发现自己和那些人的对话和自己在校园内和学生的对话并无两样。尽管这些人都很成功也很有钱，但他们也很渴望讨论诸如个人目的及个人影响这类话题。

理查德·纳尔逊·博尔斯（Richard Nelson Bolles）的书《你的降落伞是什么颜色？》（*What Color Is Your Parachute?*）第一版于1970年自费出版，到目前为止在世界各地销量已达1000多万册。这本书对婴儿潮世代而言具有全新意义。它向大家普及了一个想法，就是你最热衷做的事情往往是你最擅长的。这在40年前是很别致的想法，但如今在很多圈子都得到了认可。

我会在理查德的问题后面再加上一个问题："你的目的是什么颜色的？"

这是一个关键问题,也是我们仍旧在寻求共同语言的问题。我们借助语言来讨论一切,从我们的教育、技能、优势到头衔,但并未找到一个能够共享的方式来谈论我们是谁以及对我们个人而言什么最重要。

老板们发现,传统的对职业的描述并没有我们一度所想的那样有效。谷歌的人力资源高级副总裁拉斯洛·博克(Laszlo Bock)发现"GPA 和考试成绩作为招聘标准毫无价值[①]",简而言之,我们在简历上写的东西大部分并不重要。

1983 年,哈佛的霍华德·加德纳(Howard Gardner)发表了一个突破性理论——多元智力理论。他提出了超越传统的衡量智商的机制。通过九种不同因素来衡量一个人的智力:存在智力、自然智力、内省智力、人际关系智力、动觉智力、数学智力、语言智力、空间智力和音乐智力。智商和 GPA 并没有充分衡量这几部分。

但加德纳二十年后发现,智力仅在服务目的时才重要。他的研究显示,有明确目的才最关键[②]。他将研究重点转移到工作中的责任感,以及我们如何将价值观与工作结合起来。

重要的是,有自己的目的并可以明确将其视作自我的一部分表达出来。在与全球数千名专业人士共事过程中及进行跨部门合作过程中,作者发现了人们在工作中获得目的的模式千差万别。在过去 18 个月中,作者携手该领域的杰出研究人员在研讨会中对这些模式做了测试,用来验证我在主根基金会的所见所闻。得到的结果我们称之为"目的模式"——这是我同事郝飞鸿(Phi-Hong Hao)提出的一个术语。其试图在独立框架内以社会整体的角度来谈论目的。

有三个核心驱动力决定着我们是否会对所做的事情感到满足和有成就感:你想要影响谁,你为什么工作,以及你如何解决问题。虽然我们会从各种渠道获取目的,但人们往往会依照内心,有其独特的找寻目的的模式。

[①] "Google Says GPA Is Worthless(SATs and Brainteasers, Too)." *Wall Street Oasis*. N.p., 21 June 2013. Web.
[②] Gardner, Howard. *Responsibility at Work: How Leading Professionals Act (or Don't Act) Responsibly*. San Francisco: Jossey-Bass, 2007. Print.

第六章 目的的主体、方式和缘由

当人们问询更多的信息时，我过去常常会用类似于迈尔斯－布里格斯（Myers-Briggs）类型指标或优势识别器来描述它，但是会重点放在目的上。但是当我们研究目的驱动力时，我们逐渐意识到目的是有些不同的。我们所做的远不止心理分析和性格测量，有目的性地工作要求你必须有正确的方向并且要不断发现机遇并采取行动抓住机遇，每天在各样事上都要有自己的主张，都要使它个性化。

十几年来，我一直与非营利组织合作帮助他们建立使命宣言。对于一个非营利组织来说，使命宣言就是他们存在的原因，是他们的目的。无论决策大小，都指引他们的决策方向，也是他们的底线。同样的，当以你自己的话并且以类似使命宣言的形式表达出你自己的目的模式的时候，它是最强大有力量的。

为了将目的积极地融入你的生活与工作中，你需要清楚知道是什么驱动目的，这将极大地增加你成功的机会。你需要一个使命，或者是一个目的宣言——一个简单有力的方法来记住什么是重要的，并把它放在你平日工作的前面，作为工作关注的中心。我们已经提到的目的模式为我们创作个人目的陈述提供了一个大纲和始发地。它为我们指出"何人、缘由和方式"，我们可以自己把它们以文字或图形的方式写下来，然后挂在办公室的墙上，像图6.1那样。

我的目的是：为创造有能力实现他们潜力的共同体而工作。我目的中的"何人"是共同体，经常以组织的形式出现。它所指的不是所有的个体或是整个社会，而是指为了实现一个目标的一群人所组成的一个集体。我目的中的"方式"体现在创建共同体和赋予共同体能力的行动中。它是创建一个生态体系，赋予人能力去完成他们单凭自己无法做成的事情。最后，对于我来说，我目的中的"缘由"是关于实现潜力的。当我看到潜力得到实现而不是被挥霍掉的时候，就会使我感到目的得到推动。当实现一个愿景时，它不仅仅是参与的人所获得的胜利，它也是所有人的胜利。它表明我们能够有所作为，它表明我们点燃了希望。

谁影响了你　　个体　组织　社会

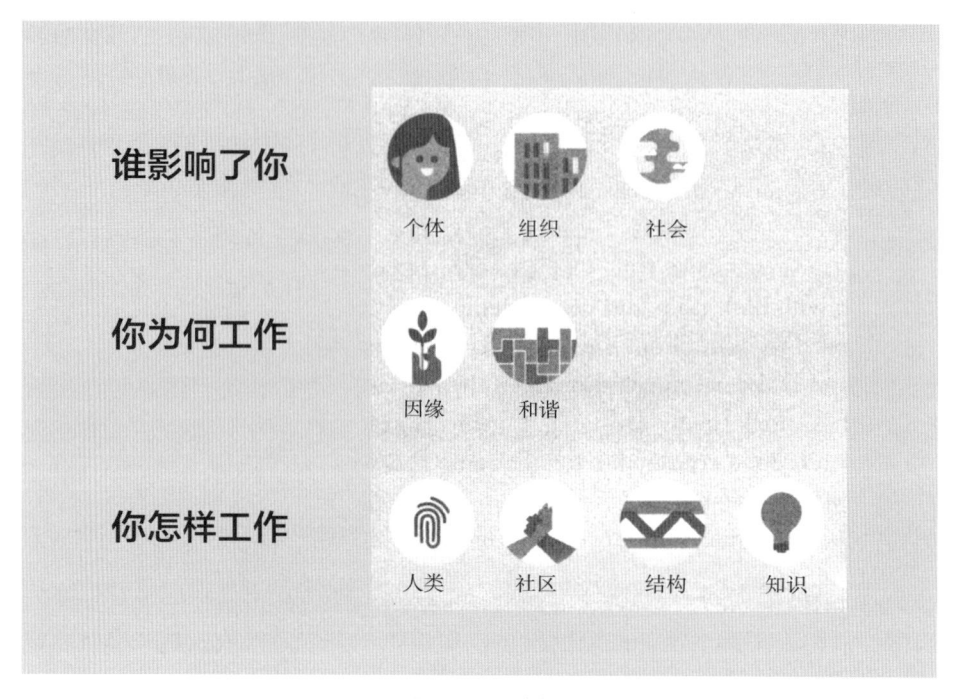

你为何工作　　因缘　和谐

你怎样工作　　人类　社区　结构　知识

图6.1　示例

目的中的"人"

我的邻居是一位眼科大夫。她每天都要给病人看病。她的病人中的绝大多数都遭受几种常见病症的侵扰，诸多因着老龄化而带来的自然病症。她每天都以相同的方式帮助他们。她喜欢这样做。

然而，如果换我做医生，我就连一周也坚持不下来。在我看了几个青光眼或白内障的病例后，我就会想着去做点不同的更具挑战的事情。对于这些常见病症，我已经了如指掌了。下一步呢？这就是我为什么不愿意成为一名教师的部分原因了——你总是无法毕业。事实上，在这一方面我可能有些极端了，但是我的情况很好地描绘了这一观点。在一些人认为每个人都是独特而又奇妙的地方，我看到了模式，我很难把人看作是自主的个体。一些人不能透过树木看到森林，我倾向于看到森林而不是树木。

反之亦然。主根基金会最常见的员工离职原因，无论是团队队员还是董事会成员，就是他们认识到离基层太远，我们应该直接和人去打交道，直接去影响他们的生活。帮助一个非营利机构变得越来越强大会使人得到智力上的满足，但并没有与他们建立密切关系。我们也因此失去了许多有才能的专业志愿顾问——他们想直接为那些有需要的人工作并建立密切关系。

我的朋友詹姆斯·谢泼德（James Shepard）曾经把这种情况粗略地描述为医生和医院行政人员的区别。许多人想直接去为有需要的人服务，而另一些人（像我这样的）是想建立一个制度体系去支持和帮助医生更好地工作。对于后者来说，我们的职责范围就是推动组织向前发展。我们把组织和群体看作是社会的组织单位。

我的表弟贾森·埃利奥特（Jason Elliott）担任旧金山市长的政策援助一职。他的工作职责代表了另一种领域。他热衷于在政策层面上工作，分析城市、各州及联邦方案如何影响医院及诊所，从而更好地规划这些地方，使其更加有效。他处于离一线最远的地方，但在那个层面上即便是最细微的决定也会影响到数千名患者。在我二十几岁时，我开始意识到我的领域是组织。我本能地对体制政策及其不断的变化感到好奇，但它们进展得太慢了，无法满足我对实验研究和信息反馈的需求。政策变革以及更换整个系统往往需要几十年，而且还要历经很多年才能见证其是否奏效。这项工作远离一线，并没有给我带来情感上的满足。我有时也喜欢帮助个体，也喜欢从事组织和社会协调事务。但对我而言最重要的是我热衷于帮助组织发掘其潜能所在。

当你在职业生涯中寻找更多的目的时，这是你应该明确的第一项。你是医生，医院管理人员还是决策者？这不是一个智力问题。这与什么最吸引你以及你会通过什么最终带给世界重大影响有关。

人们与他们"为何"驱动力的范例

个体

对于以此为驱动力的人们

在这种驱动力下,人们寻求在他人生活中带来直接和立竿见影的改变;他们从个体开始。当他们为他人提供服务时,他们就开心快乐、干劲十足。如果他们不能在工作中看到自己努力所带来的影响,他们就会沮丧失望,会失去重心。

根据个体利益相关者的需要,建立一对一的联结。

为他们提供的服务是:创造机会使他们直接触及顾客群。

通过突显他们对于特定客户或个体的影响力来认可他们的工作。

"人类社会中所有有价值的东西取决于个体发展的机会。"

——阿尔伯特·爱因斯坦(Albert Einstein)

"直面人的潜力,我感觉到自己整颗心都在工作上。这正是我在生命中深刻感受到动力的时刻。我与学生们一起工作,直接为有需要的社区服务。我觉得这很有意义,这种感觉无以言表。我观察到人的良知和利他主义是通过做一些善意的小事积累起来的。需要食物的人可以吃饱,想要说话的人有机会说出来让别人听到。通过这些时刻,我看到一个崭新的世界在我面前逐步走向正轨。

于我而言,个体转变会带来社会影响。尽管不明确的社会问题在很大程度上需要结构性调整,但我认为个人与这些问题的关联造就社会变革的原因。为实现社会公平,需要改革信仰、理论、政策和法律;每个人的行为都在促成这些转变,而真正要看到这些改革就需要每个人的付出。我将自己的工作视为社会变革反馈循环的一部分。"

——阿比盖尔·多纳休(Abigail Donahue)

第六章 目的的主体、方式和缘由

"当学生真正明白概念的时候，他们会神采飞扬，你可以感觉到他们知晓后的光芒和他们增强的自信心。这使我的工作更富有意义，使我更有激情。"

——穆尼尔（Munir），高等教育

"和我的客户一起工作，帮助他们构建更好的、能够带来更健康行为的自我意识，使他们可以生活得更幸福，更有成就感，这是我工作的意义。看到人们的成长以及改变他们的生活对我来说是极有价值的。"

——毛拉（Maura），卫生保健服务

"帮助人们在目前对于他们来说最重要的方面体验自我实现，然后帮助人们在生活中的各个方面不断地体验自我实现。"

——芭芭拉（Barbara），管理咨询

组织

对于以此为驱动力的人们

在这种驱动力下的人会使用团队和组织来驱动变革。他们会提升一个组织的优势，帮助他们取得靠个人无法达到的成就。如果想要他们独自去干，他们会筋疲力尽，失去动力。

通过组织的共同目的和共享目标联结起来。

为他们提供的服务是：创造机会去为群体提供指导、建议和帮助。

通过肯定他们对于组织、团队和共同体的影响力来认可他们的工作。

"个人对于团队的奉献——这是团队精神的体现，是公司昌盛的保证，是社会发展的基石，是文明进步的摇篮。"

——文斯·隆巴尔迪（Vince Lombardi），足球教练

"我的角色使我能够接触到数千人,并尽最大可能帮助他们实现个人价值及事业成功。我的团队刚结束了与一个新成立的商业集团的合作,我们与他们那里的资深领导团队合作,重新定义其生产和销售新产品的方式。这是小组第一次以这种方式工作,我们的工作成果对组织内的每个人都产生了影响。

合作结束时,集团总裁举行了全员大会,阐述了新的工作方式及改变背后的根本原因。在会议开放式问答期间,许多小组成员都很感谢她考虑问题如此周到,使组内每名成员都更容易成功。一名组员说他第一次遇见考虑如此周到的领导。相应的,集团总裁邀请我的团队上台并说到她过去不是以这种方式工作的,但与我的团队合作后,她看到了明确每个人扮演的角色的重要性。知道我的团队能够改善这么多人的工作生活,我意识到我的工作可给组织带来如此大的影响。"

——伊莱恩·梅森(Elaine Mason)

"提高一个品牌外在的与内在的价值。当内部的和外部的受众愿意去相信这个品牌的承诺,参与到实现品牌承诺的相关事务中并且致力于维持和提高此品牌的相关性,我就备受鼓舞,感觉有成就感。"

——克里斯滕(Kristen),接待处

"我明白了所建立的流程和分享的报告有助于公司发展,清楚了我的工作是如何成为公司整个发展的重要部分。"

——拉里(Larry),质量保证部门

"为团队和领导们预备有用的分析并使这些分析用来创建运作更为良好的组织。我感觉到自己的才能和贡献都得到了认可。"

——马丁(Martin),军事行动部门

"要乐于遇到棘手的大难题,因为它们带给我们最强大有力的机遇。"

——拉尔夫·马斯顿(Ralph Marston)

社会

对于以此为驱动力的人们

在这种驱动力下,人们寻求能够带来大规模的改变。他们知道最高水平的平稳的增量变化可以带来重大的影响。他们用自己强烈的愿景去激励其他人并取得进步。如果把他们放到基层或者把他们局限于一个组织的目标,他们就会失望、灰心并且失去兴趣。

把能够带来诸如人口改变或技术革新这样影响世界的趋势或者解决方案联系起来。

为他们提供的服务是:创造机会去投身于相关利益群体的广阔网络。

通过指出他们在社会上的以及对未来的影响力来认可他们的工作。

"国家的法律通常源自个人或团体,他们在生活中遇到障碍,并向管理机构提出来,努力不让下一个人也遇到同样的障碍。在某种程度上,这是一种传递爱的方式。一般来说,初次制定的法律并不完美,会产生无法预料后果。一般是立法机构听取公众意见修订法律,使他们达到预期效果。参与这种工作是激动人心的、富有力量的、有趣且持续变化的。

我热爱所做的工作。作为一名受过培训的社会工作人员,现在正从事与公共政策相关的社会工作,我可以推动改变对底层人民和弱势群体带来负面影响的政策,并制定新政策,致力于帮助他们摆脱贫困和不良嗜好并增加他们受教育及获得至关重要的服务的机会。这是一个极具吸引力的工作,每天工作内容都不同。在某一天,我可以制定此类政策,阻止掠夺性企业在网上发布照片,对在校学生们进行强制视力检查来预防他们视力下降,并帮助他们取得成功。"

——特拉·皮尔斯(Tera Pierce)

> "以公平公正的方式解决社区、社会以及这个世界的问题，找出能够带来进步的方案。而且要去探索自然的体系从而更好地明白我们对于自然环境带来的影响以及我们如何才能把人类行为给自然带来的破坏降低到最小程度。"
>
> ——吉姆（Jim），研究人员
>
> "我是一位工程师，为一家经营石油和天然气管道建设的承包商工作。我有一种目的意识：我必须把工作做好并要考虑周全，我要确保成品的质量经久耐用，性能可靠。这样做使我的工作最终为全国公众和能源消费者带来安全和幸福。"
>
> ——伊恩（Ian），工程人员
>
> "我了解到，与我说话的女士知道她们读大学的经历是如何直接影响到她们的成功，她们愿意通过丰富学习经历的方式养育和造就能为全球未来带来变化的女性后代。"
>
> ——克丽（Kerry），金融工作者

为什么要有目的

我们的目的是建立在我们的世界观和道德观上的。我们每个人都努力工作，想要离实现"道德乌托邦"更近一步，在那里我们普遍会实现我们的价值。这是我们对进步的定义，也是我们人类前进的动力。

纽约大学研究员乔纳森·海特（Jonathan Haidt）是一群社会和文化心理学家的带头人，他们一直致力于研究所谓的"道德基础理论"。他们对道德基础的历史进行了详细的追溯，从人类起源时期开始——首先是猿人，然后是部落。他们的理论已在世界范围内进行了测试。他们致力于说明为什么不同文化间道德也不尽相同，同时却保留了许多"相似且重复出现的话题"。这个理论基于人类学家理查德·史威德（Richard Shweder）的观点，他定义了六组道德问题：关爱/伤害，公平/欺骗，自由/压迫，忠诚/背叛，权威/颠覆和神圣/堕落。

乔纳森和他的团队发现，这六组道德问题是囊括所有政治文化和运动道德诉求的基础[①]。乔纳森作为商业道德专家，以其独特的视角发展了这一理论。他发现道德是"直觉伦理"的基础，而"直觉伦理"决定着我们在工作中做怎样的决定。在工作中以及在生活的其他领域中，这潜移默化地影响着我们。为了简化这一机制，最简单的方法就是将道德基础视为两种极端。就像阴和阳一样，我们的社会在平衡下蓬勃发展。无法说谁对谁错，因为两者都是构建强大社会的重要组成部分。即使对于有特定宗教信仰的人来说，在接近这一机制的过程中，他们也极有可能发现他们坚信的神的意愿与其中一极相符。

乔纳森架构的一个极端是建立在因果之下。因果报应是牛顿运动定律的道德版本：有作用力就必有反作用力。正如乔纳森所说，因果报应表明"善良、诚实和勤奋将带来好运；残忍、欺骗和懒惰将带来痛苦"[②]。

他进一步向那些相信因果报应的人讲述了这一信仰：他们认为因果报应就如同地心引力一样自然。这是对社会如何运作的信仰。这是一套看重市场力量的道德信念。他们相信市场及制度会营造一个公平的社会，最终带来因果报应。它可能不会立马发生，但它一定会发生；它会创造价值，并为大多数人带来最优结果。

另一个极端是不相信因果报应。他们会看到周围不公平的事情。他们认为自然力量是不人道且残酷的。那些道德基础基于因果报应的人可能会认同上述道德版牛顿运动定律的说法，而另一组则将自然力量视为一种无序的状态。他们认为如果不加干预，所有的团体和社会都会从有序状态转变为无序

---

① Haidt, Jonathan. "The Moral Foundations of Occupy Wall Street." *Reason. com*. N.p., 20 Oct. 2011. Web.
② Haidt, Jonathan. "What the Tea Partiers Really Want." *The Wall Street Journal*. 16 Oct. 2010. Web.

状态。只有加以干预我们才能成为一个道德社会。他们将和谐视为道德理想，把和谐看得高于竞争。

理想的世界会消除团体与人之间的界限。我们不会因为互相伤害而获得成功，我们要去关爱别人，营造一个人人都能找到自己发展空间的社会。这并不会凭空发生，而是需要通过不断的社会变革和社会干预来实现。每个人都要有这种道德责任感，时刻警惕并找到社会无序的地方，使其恢复和谐秩序。和谐的基础是同情心和怜悯心，基于将道德社会看作是由需要同情和帮助的个体组成，社会要去保护他们远离自然带来的混乱和不公正。

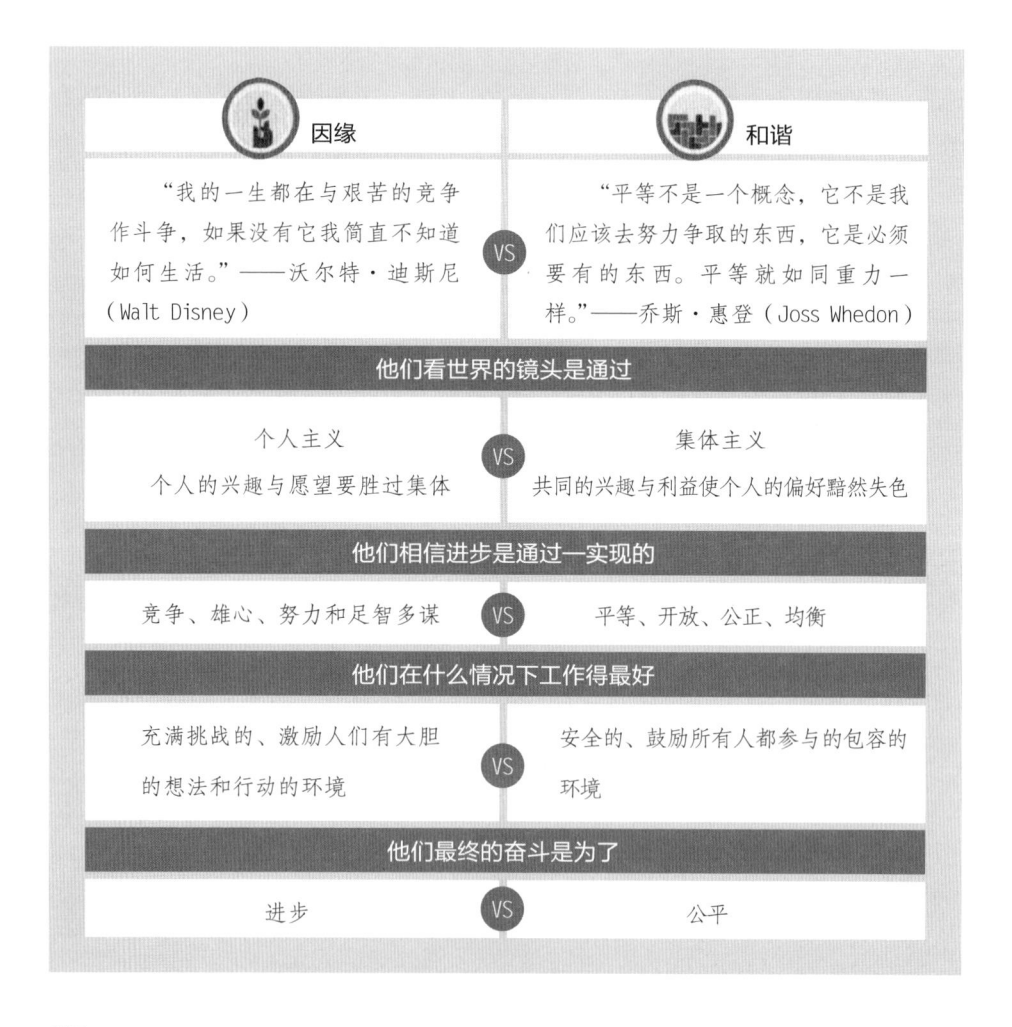

因缘		和谐
"我的一生都在与艰苦的竞争作斗争，如果没有它我简直不知道如何生活。"——沃尔特·迪斯尼（Walt Disney）	VS	"平等不是一个概念，它不是我们应该去努力争取的东西，它是必须要有的东西。平等就如同重力一样。"——乔斯·惠登（Joss Whedon）
他们看世界的镜头是通过		
个人主义 个人的兴趣与愿望要胜过集体	VS	集体主义 共同的兴趣与利益使个人的偏好黯然失色
他们相信进步是通过—实现的		
竞争、雄心、努力和足智多谋	VS	平等、开放、公正、均衡
他们在什么情况下工作得最好		
充满挑战的、激励人们有大胆的想法和行动的环境	VS	安全的、鼓励所有人都参与的包容的环境
他们最终的奋斗是为了		
进步	VS	公平

我们都处于这两极之间的某一位置。它明确了我们工作背后的潜在动机。在任何工作中，我们工作是基于我们对道德社会的看法，并采取行动尽量在工作中实现这一乌托邦愿景。像大多数人一样，我并不极端，但我的核心信仰是自然力量使我们变得没有秩序，因此人的干预是必要的。我认为机构以及社会的主要职责就是在人类与自然之间找到微妙的平衡。

驱动力案例

因缘：

"我的人生目标就是帮助非营利组织、社会企业以及包容且负责的企业成为更有效的变革者，并引进正确的激励措施以实现其可持续发展。多年来，我致力于建构一个将电信公司、投资者、政府和非政府组织结合为一体的生态体系，通过深入提供以手机为载体的医疗保健和教育系统来创造就业机会并帮助家庭。昨天，我们找到公私合作的替代模式，为偏远地区的准妈妈们提供紧急交通服务。今天下午，我的团队正致力于构建慈善事业和商业的夹层投资项目，联合小农户以推动经济增长。明天，我们将会帮助非政府组织重构其内部业务流程，以便更有效地支持外部跨部门合作。下周，我们正在考虑在撒哈拉以南非洲提供青年支持服务的发展计划。"

——戴维·麦金蒂（David McGinty）

"我能够帮助其他公司和设施是用到了我的医学背景。参与竞争意味着你要成为一个更有知识的人，要做更好的预备。"

——埃朗（Elan），医疗过程操作部

"尽管客户的成功也是我最终的目标,但是只有提供最棒的服务这一件事是最能给我带来成就感的。"

——威尔(Will),活动策划部

"我相信大多数人的驱动力是自我实现。使目标更'明确',赋予人们能力来实现自我价值并鼓励人们对品质和及时性的追求,人们会很优秀并提供新的解决方案。"

——安妮特(Annette),政府关系研究部门

和谐

"当我经营免费诊所时,我们也有一个牙科诊室。我们雇了个兼职洗牙师,主要负责牙齿的清洁及预防保健工作,但对牙齿的治疗则很难约得上。等候假牙的过程极其漫长。当和那些认为只要靠自己的力量打拼就一定能摆脱贫穷的人谈论贫穷时候,我总是用这些缺牙齿的人来做例子。如果一个人没有门牙,那么他很难找到哪怕是薪水很低工作。在旅行途中,我遇到了一位假牙师并告诉她我的需求。她自愿每月免费做一套假牙。我的第一个获得假牙的患者是一位处于工作年龄的女士,她等待假牙已有一年多。她找不到工作,过去因为缺少牙齿笑的时候很尴尬。她得到假牙后十分高兴。我到现在还保留着她写给我的感谢信。"

——本特利·戴维斯(Bentley Davis)

"我的工作带给我的最重大的动力就是:我可以在社会实现平等的过程中为人们铺平道路,这总体来说能够为个人、家庭和共同体带来积极的影响,要确保客户受到指导,有自觉意识,能够利用为他们的成功

而设计的产品或项目。"

——弗雷达（Freda），管理咨询运营部门

"最能使我感到振奋的事就是：为达成一个共同的结果或解决方案，与持有不同观点和不同背景的团队一起工作。"

——玛丽（Mary），信息技术部

"看到我们所服务的人和共事的人感觉到有自我价值并且能够高效工作，这使我有成就感。我们正在迈进一个更包容的社会。让人们为所能够成就的事情感到惊喜。"

——杰西（Jessie），人力资源部

怎样实现目的

尽管定义成功的道德基础是相同的，但我们抵达成功的过程却不尽相同。我们的工作方式也与我们的世界观、我们解决问题的方式和参与创造的过程有关。我们也许可以在如何处理和看待工作中最大限度地找到目的。在研究加强美国 K-12 教育方案的同时，我们也更加深入地了解到我们对待工作的方式。当我继续深入研究时，我发现了极其不同的评估和解决方案。

倾听得越多，就越会发现人们的基本思维方式千差万别。这些思维方式会深刻影响着他们如何把握机会改进教育，下面我会详细讲述这点。

以社区为中心

如果观察最好的学校,你会发现他们有一个共同点:家长充分参与并进行指导。家长对学校的成功而言功不可没,他们为学校的发展负责;他们也设法整合资源并倡导社区内办学。要提高国家的教育,我们必须明白为什么一些学校的家长可充分参与学校事务并构建这种能力。你永远不会知道学校会面临哪些挑战,但是有家长和社区的充分参与,学校可以面对任何挑战。

以人为本

你最近去过典型的公立学校的教室吗,尤其是在大城市的?我们如何期待孩子在那样的环境下学习并受到启发?学校不应是一座监狱,而是可以给予学生幸福感,帮助他们集中注意力学习的地方。我们需要建立满足学生需求的学校,提供给他们清新的空气和充足的阳光。学校要足够大,这样学生就有足够的活动空间而且不会在活动时撞到彼此,还应该设计放松的教室环境来鼓励学生交流。如果我们想让孩子们集中注意力,他们也需要健康的食物。所有的研究都表明孩子们在拂晓时分上学并不符合自然规律而且孩子们在那个时候也很难认真学习,为什么我们还是让他们这样做?

结构

我们没有为教师和校长提供正确的培训、技术支持或教学用具。我们需要为学校制度体系设计有效的领导实践、政策和流程。我们需要重新设计符合当今孩子需求的课程和教学方法(即教育方法),并帮助教师适应新的方法以帮助孩子们学业有成。有了这种支持，我们的校长和老师就可以有更大成就。

知识

提高教育要求我们分析数据和研究结果，并将教育建立在其上。我们甚至不知道当今成功的教育是什么，我们盲目地继续使用不再有效的旧模式。我们对教育不够了解，对目前学校做得看起来成功的地方也不清楚。我们不断尝试，不断失败，因为我们自己没有做功课，没有一个清楚的认识。

根据我的个人经验，以上所有的观点都是对的，但没有一个观点涉及我们在教育体制中想要看到改变。然而关键不是有一贯正确的观点，而是我们要从不同角度去了解世界是如何运转的，这些都很重要。根据我的经验，人们发现其目的和参与感与他们的工作能力紧密相关，这与他们对实现进一步改变的观点是一致的。

这些观点并不局限于教育甚至是非营利组织。我们从中可以看到人们在各种各样的情况下是怎样对待挑战和机遇的。有的人一直致力于使更多的人参与到解决某一社会问题中，从而建立社群，使更多人对此问题的解决负有责任并且增加社会对此问题的关注和认识，从而使其更好地符合他们的需求。有些人在向前迈进之前就全方位认识并理解需要解决的问题，知道用更好的方法来设计流程使得每个人都能够发挥其最大潜能，帮助他们将时间集中在重要的事情上。

驱动力案例

共同体

在这种驱动力下，人们最能产生目的感的时候是能使别人一起努力来提升集体的力量，从而能去解决问题，处理拦路虎。他们解决问题的方法是合作式的。挖掘并利用他们就可以在团队成员间、领袖间、提供支持服务的员工间以及客户间促进联系，建立动机与合作。

"永远不要去怀疑这样一个事实：一小部分有思想的、考虑周全且乐于付出的人能够改变整个世界。这也是过去唯一改变世界的事物。"

——玛格丽特·米德（Margaret Mead）

"对我来说，这是为了促进对社会产生影响的事物的连接，比如慈善家与社会变革组织之间的联系，摄影师与社会事业项目之间的联系，企业和非营利组织之间的联系。我使命感最强烈的时刻与这些有关。在'创业带来改变'的峰会上，我意识到自己的工作目的与共同体带给社会的影响力有关。这次峰会为期一天，旨在将企业、社会创业者、投资者、共同体领袖和非营利组织聚集在一起。这是一次找到共同点的机会，谈论大家共同面临的挑战和机遇，破除大家的界限并建立桥梁。看到来自不同背景的100多人对我们的社会进行了深入而有意义的讨论，谈及了如何合作来推动社会变革，我感到无比欣慰。"

——珍妮弗·金（Jennifer King）

"无论是在服务工作中通过赢得忠诚的客户，或是与志同道合的企业家们建立合作伙伴关系，都要与人们建立一对一的联系。彼此联系一同构建一些事物。"

——布里塔妮（Brittany），金融服务人员

"能够给我的工作带来意义的事情：通过艺术与园艺来丰富我所在社区人们的生活，建立社区人际关系；让社区的弱势人群知道有人关心他们。我的组织并不大，我只是一个艺术家。我的生命是渺小的，但是我愿意让这个世界因为我的存在而变得更加美好。"

——玛丽亚（Maria），艺术家

"架起高级领导者与团队之间、战略目标与实际执行之间的桥梁并且系统地规划一条通过彼此合作达成目标的途径。"

——汤姆（Tom），工程师

以人为本

在这种驱动力下人们最能产生使命感的时候是与人交流并探索交谈者所处情境、了解需求并提出解决方案。他们解决问题的方法是直觉式的。挖掘并推动他们提出解决方案，这要建立在所服务的个体所表达出来的需要和愿望上。

"同情就是换位思考，有同理心，从对方的视角看问题。同情心是内在的，是自发的。它使这个世界变得更加美好。"

——丹尼尔·平克（Daniel H. Pink）

"我有幸在一个非营利组织的过渡期担任其临时 CEO。这对在那里的员工来说是一个非常困难的时期，到处都是对未来的不确定性，不知道下一个领导人是谁，也不知道会有怎样的变革。除了跟上组织的日常工作，

我能够去单独了解每位员工，让他们感受到稳定。我们能够打通员工和董事会之间的沟通渠道，这有利于个人和组织的发展。当我干满6个月离开的时候，员工不仅为我举办了派对，而且每个人还都送给我一支玫瑰并附有致谢的便条，表达了我在这个组织的这段时间对他们而言意味着什么。

我尝试挑选项目，并策划一些可与他人单独见面的活动。在我作为应用人类学家的工作中，我主要是做采访工作，来了解个人对某种情境或经历的看法，然后将信息汇总找到共同点。例如，我最近出版的书中包括了对已卸任女性高管职业历史的访谈，她们像我一样将公司的事业抛到了脑后去寻找更有意义的工作。为了抓住重点，我分析了这些访谈，这本书主要围绕着女性们向我讲述的故事展开，也略微提及了当代公司文化。"

——丽贝卡·赫普纳（Rebekah Heppner）

"在我的工作中，我教人们如何使用新系统和软件。我用几周的时间培训和讲解新的程序。我喜欢看到最终使用者所表现出来的满足，那是因着他们终于明白了到底是怎么回事的状态。这样我就知道我已经完成工作了。"

——阿曼达（Amanda），出版部门

"为病人提供机会参与研究，使他们能接受新的治疗，在治疗过程中给他们一种目的感。"

——玛格丽特（Margaret），医疗实践研究部门

"我喜欢自己能够用过去的经历帮助他人，使他们的生活有所改善。我的希望就是与别人分享我的错误教训，这样别人就可以不去经历同样

的痛苦。相反，即使是糟糕的经历也带给我学习的机会，而我也从中得到了勇气。这一切都不是徒然的，是有价值的。"

——海迪（Heidi），媒体与交流部门

结构驱动

在这种驱动力下人们最能产生使命感的时候是在接受一个挑战时，要设计或者执行一些工具或系统。他们解决问题的方法是以过程为基础的。挖掘并利用他们去列出解决问题的步骤或列出解决方案，要明确列出向前发展的过程。

"卓越是一个连续的过程，绝非偶然。"

——阿卜杜勒·卡拉姆（A. P. J. Abdul Kalam）

"由于数据（或缺乏数据）的影响，我决定定期召开帮助会议及集体会议来帮助大家集中讨论。我找到将逻辑模型应用于我项目中的方法，并帮助他人找到其逻辑模型。这项工作需要经过很长时间才能看见成果，我必须找到其未知潜力，好能在整个过程很引导我的客户。我在工作中发现直到最后人们才能和我一样看到系统的整合。例如，在我当前工作中的近18个月，我为机构重新设计并启动了不下十个重要的评估和数据收集项目，其结果促使了组织的通信战略转变，使其更加注重业绩结果。最重要的是，人们现在正在谈论可帮助他们做决策的现有数据及可获得的数据。

我十分喜欢回答客户（外部的或内部的）向我提出问题这一过程，并且看到客户从这一过程中逐渐发现什么是重要的，什么是有意义的以及怎样去衡量它。直到模型完成后我才能知道结果如何。这是通过结构化对话的共同创造。如果我每天都可以研究逻辑模型的话，我一定会这样做——这非常有趣。"

——斯蒂芬妮·富恩特斯（Stephanie Fuentes）

"从高水平看问题和帮助改善一个过程的能力，对这一过程进行培训，帮助他人获得成功。提供建设性的反馈，通过项目指导其他人，帮助他们学习、提高和成长。不断地改善进程，完善项目和标准工作。通过成功做好大项目和不断地改进计划来引领其他项目。"

——布兰登（Brandon），消费者商品部门

"能够提高组织的效率，特别是内部的和外部的交流，这提高了员工的士气和能力，从而使他们能够充满信心，做事主动，让领导技能在各个层面上发挥出来。"

——伊丽莎白（Elizabeth），银行行政管理部门

"通过提供工具和所需资源使团队的成员有能力在他们事业发展中占主导地位。我相信当你给了一个人清晰的目标和期望，并拥有实现目标的必要工具时，你就给了他自由去获取成功。"

——索菲娅（Sophia），生物技术领域

知识驱动

在这种驱动力下人们最能产生目的感的时候是通过严格的研究与分析来探索可能的解决方案，从而发展出新的理论。他们解决问题的方法是建立在研究基础上的。挖掘并利用他们去把握问题的技术层面并且和团队分享他们的洞见和知识。

"我相信如果你告诉人们问题并让他们知道解决方法，他们就会愿

意采取行动。"

——比尔·盖茨（Bill Gates）

"我通常因为两点被要求查看数据：回答与数据相关的问题，或者找出一种管理数据的更优方法（比如获取数据、存储数据、传输数据或呈现数据）。要做到这一点，我需要进一步了解应用、人员以及那些生成我感兴趣数据的流程。一旦我得到了创建数据的所有要素，我将使用 SAS 软件来模拟事件或流程变更会对其产生怎样的影响，其独特之处在于可以明显看出你对正在分析的数据的理解情况如何。如果事件发生，你可以准确地说出这事件为什么会影响你正在分析的数据以及是怎样做到这一点的，那么你很扎实地掌握了所学知识，我认为如果不处理数字的话你很难做到这一点。我完全理解复杂的问题并可以清晰地向他人解释数据，这给了我信心而且我认为这很值得。当我从一个项目或问题转移到另一个项目或问题时，我觉得我在逐步积累知识，并更加了解医疗保健行业。这给了我强烈的目的感。"

——丹尼尔·赖夫（Daniel Reif）

"当他人鼓励我并给予我充分的时间来从事未知领域的研究时，我就觉得生活是富有意义的。当在这一领域工作时，我把以往那些不连贯的想法、事实和主意都结合起来，为的是能够获得对未知事物正确的理解。"

——凯文（Kevin），医药学研究人员

"我喜欢把我的事业比作一个探险家所做的事——每天我都要做一些事情去推动我所从事的职业领域向前发展，并且是以一种对全人类来说都新颖的方式。我致力于去解决大多数人甚至还没有提出的问题。"

——克里斯托佛（Kristopher），市场研究部门

> "我喜欢学习新的事物，我做了许多研究，所以我的工作热情很高。我工作的一部分就是组织和管理图书馆的信息资源。这些资源组织得越好，员工就可以越容易使用它们；员工越容易使用它们，研究的效率就越高。"
>
> ——沙利恩（Shalyn），政府行政管理部门

目的模式的力量

为了主动地将目的融入你的工作和生活中，了解什么能在最大程度给你带来目的感会并增加你成功的概率，你需要一个任务，最好还有一个目的宣言，你需要通过简短有力的方式记住什么才是重要的。

目的宣言：

我的目的是服务_____（取决于"何人"驱动力）通过_____（取决于"如何"驱动力）为了_____（取决于"为何"驱动力）。

通用的一个例子：我的目的是帮助人（何人："个体"）通过提供给他们能带来突破的方式（如何："结构"）以便让他们能认识到他们的潜力（为何："因缘"）。

Imperative 已经帮助六万人确定了他们的目的模式。我们逐渐认识到它能有效地预测所有事情：从领导风格到什么类型的志愿服务能够为你带来重大意义。

理解并接纳拥抱你的目的，你就有机会发挥潜能来改变你的工作、事业甚至这个世界。这可比一次晋升、一张彩票或是一个能使你穿越时空的时间机器要好得多。这是一次使你可以度过富有意义的一生的机遇。这样的人生会使你获得最大限度的成就感，并会使你给这个世界带来改变。

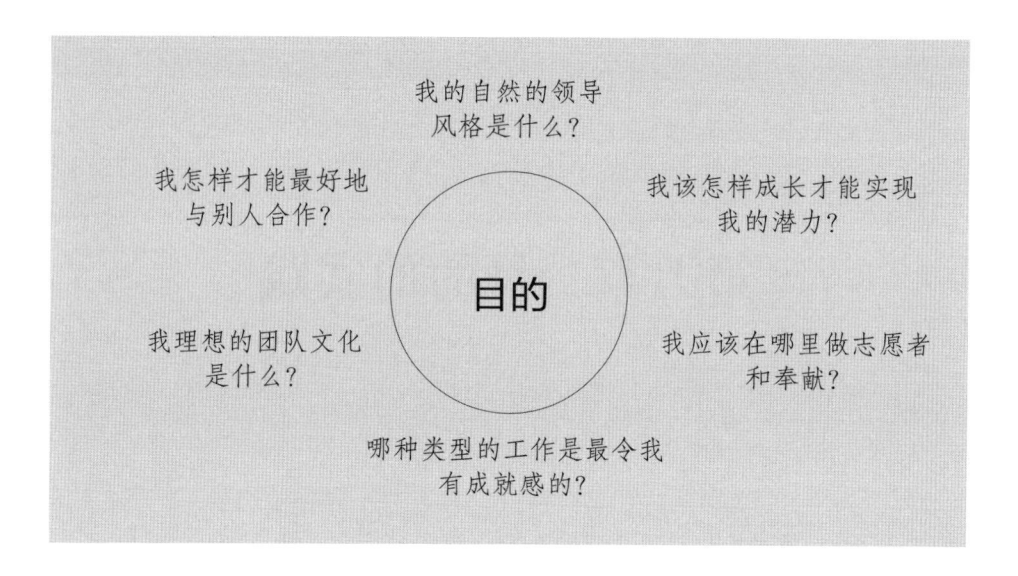

```
              我的自然的领导
              风格是什么？

我怎样才能最好地                      我该怎样成长才能实现
  与别人合作？                            我的潜力？

                    目的

我理想的团队文化                      我应该在哪里做志愿者
    是什么？                              和奉献？

            哪种类型的工作是最令我
              有成就感的？
```

　　现在是时间去找到你内在的超级英雄并且进入一个有着史无前例可能性的世界。想一下你真诚地与一位同事沟通的时间，看到你微不足道的付出却能带来一个长远的改变，或者因着你掌握了一门新技能而有了个人和专业上的成长。这就是你的力量和目的所带给你的最初的盼望与亮光。

　　目的不是终点。它是一场旅行，它始于理解你要服务谁，为什么服务和怎样去服务。不管你是蝙蝠侠还是中层管理人员，你需要了解什么激励你去做事情，不然你很快就会迷失自我，感到没有希望以及与人隔绝，感觉孤单。

第七章　目的的实践

> 并不是另一边的草更绿，而是你施肥的地方更绿。
>
> ——杰夫·克拉克（Jeff Clark）

我最近收到一封同事的邮件，她意识到自己不应该辞职。但是太晚了，她已经没有回头的余地了。我们身边不断地充斥着鼓励我们找一个更好的工作的消息——从猎头电话到工作职位，再到散播着浪漫化新机会的媒体。

领英职场社交平台会提示我们祝贺那些获得新工作的同事们。但现实是：在多数情况下，最好的行为是留下来不要去更换工作。她最好的策略应该是再回到她的原公司，通过注入更大的目的性而在已有的事业根基上有所建树和发展。

珍妮弗·麦克雷（Jennifer McCrea）很有名气，在哈佛大学教书，并与世界上许多顶尖的社会企业家共事，担任他们的筹款顾问。她开设的指数筹款课程很流行。多年来作为一名从业人员兼教师，她逐渐相信筹款成功有两个关键因素：一是认为世界是富有资源的；二是将筹款视为建立一种关系而非交易。

上述两种见解与劳动力目标指数中关于工作实践目标的发现有着密切的关联。如果我们在工作中将目的看作是稀缺的，我们很可能促成一种自我实现的预言，即当我们坚信目的是稀缺的时候，就果真无法找到目的。同样，如果我们将工作看作是交易和一系列任务，而不是将其看作一种关系以及锻炼我们与人相处的技能，那么我们将永远无法除去眼前的障碍。珍妮弗发现，建立筹款关系的核心是将双方的共同目的联系起来。这未必关乎事业，而是更普通的、更贴近生活的目的。这是种十分私人并且亲密的联系。这是建立人与人之间的联系，并共同达成在彼此生活中都十分重要的事情。

经过多年来在工作中锻炼其与人相处的技能，珍妮弗现在在家里和她小孩相处时也会用到这技能。当她可以回家吃晚餐时，她会让家人们想一想他们这一天的意义所在。当她的孩子离开家里时，她要确定他们是有自我驱动意识的并且对周围的世界感到敬畏。她的很简单的练习就是让桌上的每一个人都想一想白天的时候是什么给了他们惊喜、启发与感动，她称其为 SIM（惊喜、启发和感动），即使在多雨天气也会为你的心灵带来阳光。

如果人们在一天中没有做其他增强成就感的事，在上下班的路上做 SIM 会大大增加他们次日生活与工作充满成就感的概率。这就是每日两分钟的冥想，可以让每个人发现其目的所在。它使你将焦点放在当下。研究表明，生活在当下的人比那些将焦点放在过去或未来的人更快乐[1]。

谷歌和亚马逊可能要比其他的现代组织搜集到了更多的雇员数据。他们得出了相似的结论，即在工作中取得成就的关键在于成为目的导向型人才。

谷歌研究结果表明：他们成功的雇员身上共同具有感恩这一要素。亚马逊发现幸运的人，或者是认为自己在生活中有好运的人，他们的事业能兴旺发达。亚马逊甚至对应聘者的感恩心态进行在线筛选，他们发现这比传统的面试更有效。

感恩的核心是把这个世界看作是一个充满机遇的地方。这来自对我们周围一切事物的敬畏，这来自即使在最艰难的岁月里也能够看到各方面的丰盛与满足。

---

[1] Chida, Y. "Positive Psychological Well-being and Mortality: A Quantitative Review of Prospective Observational Studies." *National Center for Biotechnology Information*. U.S. National Library of Medicine, Sept. 2008. Web.

创造意义

每个学期,耶鲁大学管理学院的埃米·瑞斯尼斯基教授在讲授关于职业的课程前,都会告诉学生们一个让他们感到沮丧的情况:MBA 课程结束后的头五年内,每名毕业生平均要就职于三个不同的机构。他们中的许多人到商学院是寻找方向的,对听到毕业后前景也不是很稳定而感到沮丧。他们希望在离开学校的时候能有一份稳定的前景光明的工作,然而哪有这么幸运。

出现这种现象部分源于我们对自己的了解,以及需要通过转换工作来获取经验,这在很大程度上也是由当下新工作的性质决定的,每个人看起来都更像一个自由职业者,而不是终身囚禁在工作的牢笼中。正如里德·霍夫曼(Reid Hoffman)在《创新由你开始》(*The Start-Up of You*)所写的,我们越来越多地将自己的职业生涯看作创业,把自己看成是创业开公司,销售我们的时间、才干及人脉网[①]。

这种方式缔造了大量的自由。我们不是紧紧拴在工作或雇主身上。我们是掌握自己命运的主人。正如巴里·施瓦茨(Barry Schwartz)所说:"解放的另一面就是混乱和瘫痪。"

这就是密歇根大学的研究员苏珊·阿什福德(Susan Ashford)和露丝·布拉特(Ruth Blatt)想要研究的东西。自由职业者和其他在非传统工作环境中工作的人们是如何进行自我管理的?他们是如何对自己的时间进行监督并保持自律的?问题的答案不仅能帮助我们深入了解日益增多的自由职业者群体,还能帮助我们深入了解当今社会全民创业的氛围中,对工作的定义又发生了怎样的变化。为了回答这些问题,他们采访了几十名在机构外工作的专业人士,从工程师到设计师。这些人的动机很明确且很一致。正如一

[①] Hoffman, Reid, and Ben Casnocha. *The Start-Up of You*. New York: Crown Business, 2012. Print.

位作家所说:"我想成为自由职业者的原因是我希望工作就是我的生活,无论做出多少努力我都要确保去做自己想做的事情。我宁愿经历痛苦和磨难,也要以自己的方式去工作,而不是给别人轻轻松松去做朝九晚五的工作。"也就是说,他们想要拥有自己的工作自由。

但是,这种工作往往伴随着挑战。接受采访的人也觉得过度自由是种负担。他们认为:"因为工作环境很大程度上都在自己的控制下,而我又很难保持长期的自律性。如果我不能努力按计划完成每天的进度,那么很可能无法按期交工。而且收入无法预测也很不稳定。当我有很多工作需要做的时候,我可能忙不过来,但是我可能也会有很长时间没有任何工作要做。所以说经济状况很难稳定。"

在机构内工作的专业人士也会遇到这些挑战,但程度较轻。他们不是一个项目接着一个项目地接活儿,而通常是一年连着一年的,项目之间会存在间隔,所以在工作排期方面在机构内外工作的专业人士都不同程度地面临相同的问题。在许多领域,涉及工作本身的时候,机构组织内外的人们面临的挑战有很多都是一样的。有时候,我们只是不喜欢工作中的一些任务,就像艺术家不仅要创造作品,还要去销售作品一样。我们有时候发现自己在做连自己都不敢相信会去做的工作。

例如,研究人员与一名平面设计师进行了交谈,他负责为一家公司设计书籍。工作中的某一时刻,他意识到:"他们甚至认为这种行为是好的……你的内心独白就是:'我不敢相信我为此排版,我不敢相信我正在为了使其看起来更有吸引力而进行设计。'"

苏珊和露丝一直在研究人们处于自由职业阶段时如何设定目标并管理自己的时间。但是当她们与人们交谈时,发现大家提出的关键问题不在于时间或目标管理,大家想谈论的是如何管理目的,这是他们最关心的。我如何保持积极性和参与感?怎样才能让自己感觉到自己的工作很重要?当事情变得艰难时,我该如何坚持下去?

这些专业人士正在积极地寻找方法,为自己创造意义,并忍受痛苦的时刻。他们正在创造意义,将他们所做的事情与更高的目的联系到一起,并赋予其意义[①]。

有效创造意义的前提是自我认知。正如一名顾问对人们所说的："我建议，他们所能做的最重要的事情就是真正认识自己，真正了解自己的想法，他们的心智模式是怎样的，他们相信什么，他们在乎什么，他们如何向世人展示自我，他们给别人的印象，他们的阴影是什么，并且要真正了解自己是谁并且是如何运行的。"或者，正如另一个顾问分享的："我认为我会做的第一件事是弄清楚你的价值观，以及你想在生活中实现的东西。明白什么在激励着你，还有就是你应当知道的你的内在的动机。"

了解自己工作中目的驱动力对于获得和达成目的是重要的。如果你没有关于目标的基本自我认知，很难知道如何卓有成效地创造并实践。你需要知道属于你自己的"何人""如何"以及"为何"目的所驱动。

重塑工作

大多数岗位职责都围绕着任务和责任，但很少在责任清单上找到"关心"。当然，教师、心理咨询师和护士是例外，但我们通常没有明确表示希望人们能够关心他们的同事、客户或他们在工作中接触到的其他人。关爱是不可缺少的，但它在很大程度上是无形的，不被人注意的。在多数情况下，组织将关心视为主流文化所定义的实际工作以外的东西。它被视为无关紧要的，并非成功之核心。更糟糕的是，工作场所的关心被认为是不恰当的。公司创造的氛围中，员工并没有自行决定权以及合理的方式来关心他人。

[①] Baumeister, R.F., & Vohs, K. D. (2002). "The pursuit of meaningfulness in life." In C. R. Snyder and S. J. Lopez, eds. *The Handbook of Positive Psychology*. New York: Oxford University Press. 608–628.
Pratt, M. G., & Ashforth, B. E. (2003). "Fostering meaningfulness in working and meaningfulness at work: An identity perspective." In K. Cameron, J. E. Dutton and R. E. Quinn, eds. *Positive Organizational Scholarship*. San Francisco: Berret-Koehler.
Wrzesniewski, Amy, Jane E. Dutton, and Gelaye Debebe. "Interpersonal Sensemaking and the Meaning of Work." *Research in Organizational Behavior* 25 (2003): 93–135. Elsevier. Web.

第七章 目的的实践

埃米·瑞斯尼斯基（Amy Wrzesniewski）、简·达顿（Jane Dutton）和格拉叶·德贝贝（Gelaye Debebe）特别感兴趣研究的现象就是所谓的"肮脏"工作（需要跨越身体上或道德上的障碍）。这些工作被其他人视为繁重且不招人待见的[①]。

做肮脏工作的人由于其工作的污名被认为很难与他人交往。关心别人意味着与他人接触，对于许多做肮脏的工作的人来说，他们在组织中往往被忽视。

这不仅适用于清洁工人或殡仪工，也适用于在客服中心工作的人们。我会见了一家大型电信公司的管理团队的一员，他公开谈论了公司把客服中心的员工视为"次等人"。

在这种情况下，研究人员对医院的维护人员和负责生病、临终和最近去世者的病房清洁的那些人很感兴趣。这是一个"肮脏"的工作，但是在一个充满关心的工作背景下。这些专业人员是如何找到工作中的目的的？他们是否愿意参与到医院照顾人的文化中来？或者他们觉得自己像是被忽视的外人？

研究证实，这些病房清洁人员不被尊重，医务人员认为他们的工作毫无价值。这些清洁人员说感觉自己完全被护士和医生忽视。即使他们在同一个房间，医务人员宁可打电话给清洁人员的主管，也不愿意直接与他们交谈。一名工作人员表示："医生们有种倾向，他们看见我们也当作没看见，我们要在走廊里工作，你知道的，无论你做什么都不被认可。"

医生和护士也会做一些事情尽力将责任推向清洁工或者加大其工作量。例如，医生在进行检查后会习惯性地将手套扔在地上，而不是将其处理掉。其他人则抱怨护士为避免清理体液，直接将其倒在地板上，因此这就成了清洁团队的责任。

但研究人员还发现，尽管方方面面都受到不平等对待，还被视为次等人，大部分清洁人员找到了照顾患者的方式，并在工作中找到了目的所在。

[①] Emerson, R. M. "Social Exchange Theory." *Annual Review of Sociology*, Vol. 2（August 1976）: 335–362.

其中大部分目的是通过其核心工作得以达成的，即让医院保持清洁以保证病人的安全。他们认为这项工作是照顾患者的根本。但目的远远不止于此。清洁人员费尽心思关心患者有时甚至超过医生和护士。这远远超出了他们的岗位职责，但对于他们中的许多人而言，这就是他们工作目的的主要驱动力。

大多数清洁人员通过不同方式对患者及其家属表示诚挚的关心。通常来说，他们按患者的请求帮他们取东西或者帮患者做一些他们因身体状况无法做到的小事情，他们经常根据患者的需要去请护士。然而，这样做往往面临着被主管训斥的风险。如果一个患者找不到了，他们会去找这个患者，即使这意味着违背了仅在指定区域活动的这一严格命令。他们把患者的需要放在了他们的主管要求之上。

他们关心患者的另一种方式就是与孤独的患者聊天。"很多时候，他们想和你说说话。要知道，他们已经很孤独还生病了。我试着和他们进行交谈。"或者他们会和患者的家属聊天。"我跟孩子们的父母聊得多一些，他们有时候会说起孩子们的问题，你知道的，他们只是想说说话而已。"许多清洁人员也分享了他们所做的试图使病患者开心的事情。他们会跟着音乐跳舞，试着让患者开怀大笑。有时，他们会做一些细微的事情，比如改变需要长期护理的患者的屋内装饰。

这些都不是他们岗位职责的一部分，而且这在许多情况下可能会遭到他人的冷脸相待。他们并不只是做这个工作去打发时间，而是想要把工作做得尽善尽美，并且找到一种方式使工作变得有意义。他们改变了与他人的关系，以便能够提供关心，并在此过程中承担了新的职责与任务。他们重新设计了工作，使其更适合自己，而不是成为工作限制下的牺牲者。

将目的渗入工作中是一种有意无意地重新设计自己工作的过程，使工作与你的价值观、优势和热情更为一致 [1]。

---

[1] Berg, Justin M., Amy Wrzesniewski, and Jane E. Dutton. "Perceiving and Responding to Challenges in Job Crafting at Different Ranks: When Proactivity Requires Adaptivity." *Journal of Organizational Behavior* 31.2–3（2010）: 158–86. Print.

这是一个比较新的研究领域，是更广泛的、新兴的积极心理学领域的一部分。从医院工作人员的案例中可以看出，研究人员发现工作的意义往往不是工作本身，而是我们看待它的方式。观察一些在最艰难的环境下工作的专业人士，例如清洁人员，他们揭示了人们重塑工作以在工作中获得意义的自然方式。

传统观念认为找到更有价值的工作的最好方法就是找到一份新工作。但是，重塑工作背后的理论指向另一种解决方案——改变你所从事的工作，以更好地满足你的需求。积极的心理学家已经从观察逐步工作重塑阶段，发展到记录重塑过程阶段，再到积极地促进他人工作重塑的阶段。其成效十分显著并指出这样一个事实，我们对工作目的的控制比我们觉察到的更多。在工作重塑中，专业人士不仅可以重新调整自己的心态，还可以重新设定其任务及关系，就像我们看到的清洁人员那样。这是一个过程，任何人都可以用来提升工作目的。最重要的是其适用于任何角色，从医院行政管理人员到清洁工人。

事实上，大多数工作的定义都很宽泛，你总可以将目的渗透进去。至少，你可以做出一些改变：如何来完成任务以达成更多的目的，你也可以调整你的心态并关注于你做事的原因何在。成功的事业都是建立在此基础上，如果能够做好这一点，那就是最高形式的艺术。

工作中渗入目的始于你有清晰的目标感。定义你工作的目标就如同为你的西服套装挑选布料。第一步就需要回答几个关键问题：

- 对于组织来说，何为成功？
- 在工作的三年到五年中，你要达到什么目标？
- 需要发生何种改变？
- 衡量成功的重要标准是什么？

你需要首先考虑到把组织的目的放在前面，然后按照自己的需要去塑造工作。有许多定义你需要的方法，但是为了能够在你可以有一番作为的工作上发展繁荣，你需要关注在工作中什么能带给你目的和成就感。

为了使目的最优化，我们总结了三个原则：

- 深化关系：哪些不同的方法可以在组织内外帮助你建立对你重要的人际关系？比如，如果你在销售部门，你如何确定目标人群，并在其中建立一个人际关系网？
- 影响最大化：如何使你的目标与目的相契合？比如，如果你在帮助个体达到他们的目标时发现这一举动最能给自己带来使命感，你就可以发挥自己的作用，对这些人带来影响。如果你的驱动力是获得和传播知识，你可以把研究和学习作为你的核心。定义能够带给你使命感的影响类型，应从发现你的目的类型开始。
- 实现个人成长：目前对你来说最重要的成长方向是什么？是在建立人际网和获得知识方面的成长吗？是要克服恐惧或尝试一些新的事物吗？是要去掌握一门技能吗？回答这些问题有助于确保你在一个对你工作非常重要的方向上成长。

如果你和你的管理者可以在回答这些问题的基础上一起设计你的工作，你就可以拥有一份特别高潜质的、富有意义的工作。

这一过程还是基于之前提到的"何人""如何"和"为何"目的驱动力。一旦你有了这种自我意识，就有可以有意地重新设计自己的工作，使其更有价值。这对你的改变就是：可以让你从差一点辞职到发现同样的工作是富有意义的。

弹性（适可而止）

面对危险的两种反应是战斗或逃离。面对工作中的逆境时，我们可能的选择有两个：改变情况或逃离寻找不同的工作。工作重塑给了我们强有力的工具来反击并将逆境扭转过来。它使我们能够控制最初让我们感到无助的情况。富有弹性和足智多谋通常是最好的选择——我们不能一辈子都在逃离，与其相连的代价可能会非常大。逃离的风险往往是更高的。

但是，有时候工作重塑和意义构建也没有什么用。在这种情况下，做出更大的改变是很重要的，比如说换一个新的职业或雇主。有些情况可能重塑工作也没有用，或其他地方的机会明显优于重塑后的机会。为了将目的最大化，有三个跳槽的理由（除了钱以外）。

研究普遍支持的是，大多数人因为倾慕组织而选择入职，而离开组织的原因多数和其管理者有关。没有领导是十全十美的，但有些领导会和一部分人不对付，更糟糕的是，他们没有能力，并且会破坏周边人的团队合作成果。这种情况下可能应该在组织内任命一名新的管理者，但如果不幸地无法更换部门或主管领导，跳槽不失为一种选择。

跳槽的另一个原因是组织本身。如果组织的价值观与员工不一致，那么这个问题很难解决——这是关于一个人正直与否的问题。为组织工作，做一些员工认为违背其价值观的事情，这超出了工作重塑中塑造的任何目的，在这种情况下也需要跳槽。

最后，考虑到驱动他们的目的，一些人会发现他们处在错误的职业中。如果有的人的目的是在社会层面上处理问题，但其若作为教师或医生，他们的工作只能面对个体，从某种意义上，他们无法产生大规模影响力，这些人可能会感到很受限。有时，逃离比继续战斗更好。或者，正如美国前总统肯尼迪所说："没有目的和方向，仅有努力和勇气是不够的。"

第三部分

社会目的——目的经济的组织

目的
经济组织
几十年以来，底特律汽车公司获得史无前例的成功。
但是它们的成功使它们无视新兴经济，于是它们迷失了。
美丽的底特律
底特律 FOX 艺术中心
Detroit
直到跌入谷底它们才接受和拥抱信息经济。
它们现在又回归正途。
嘣嘣嘣

新的变化
手工制作 VS 工厂制造
共享 VS 独享
关系 VS 效率
目的经济
商业公司
创建于1884年
冲浪物件租赁
“浪来了”
同样地，如果组织想要在目的经济中繁荣昌盛，则需要看到变化的浪潮已经袭来并且能够成为“弄潮儿”。

手工制作还是工厂制造？

商品

目的经济组织使我们能够再一次为我们自己和邻舍种植和生产物品。

他们找到了同时可以服务本地和全球消费者的路径。

共享还是独享？

独享已经过时了，共享才是当下潮流。我们现在希望能够节省金钱，关注可持续性，并且与我们的左邻右舍重新建立联系。

关系还是效率？
目的经济的商业组织会寻找方法利用技术提供接触频率高且个性化的服务。
欢迎来到目的经济
社区剧院
蜂巢
共享工作空间
3D 制造商
“你需要，我们打印。”
流动餐车
共享单车
目的小镇
目的小镇集市
这创造了一个新的共同体，每一个人都可以在这里通过创新与合作找到自己的目的。

第八章　目的经济组织

假设1997年你在线，那么有80%的概率你是在使用网景浏览器上网。到了2002年，微软的IE浏览器已经占据了90%的浏览器市场。网景在垂死挣扎之时被美国在线收购，但当美国在线与时代华纳合并之后，网景就不复存在了。但是到了2013年7月，IE浏览器与从网景灰烬中获得机会的新生浏览器火狐相比，其享有的市场份额仅仅只高出四个百分点。

这讲述了信息经济学一个经典的故事——浏览器之战。这个故事隐藏的却是一段不凡的历史，关于一个目的经济组织及其和当代巨人微软对抗并最终取得振奋人心的成功。微软已经在IE浏览器上投入了大量的资源，以至于到了1998年，网景意识到自身不能够再与之抗衡了。虽然它必须转换自身的商业模式以保持自负盈亏，但是它相信自身的愿景，即"作为每个人的互联网"并且作为一个关键平台能去限制微软及其垄断地位。

在1998年，网景决定对外公布浏览器的代码——来实现它的开源化。如果公司不能够在资金上与微软抗衡，那么第三方或许可以找到另一种方式来实现目的。他们称之为"摩斯拉开源项目"（Mozilla Open Source Project）。

项目实施的首年，来自世界各地的新共同体成员就已经开发了许多新功能，并增强现有的特色，甚至是已经涉猎了该项目的管理和计划领域。通过建立一个开放的共同体，摩斯拉项目变得比任何一个公司都要壮大了。

第八章 目的经济组织

在 2003 年，美国在线和米奇·卡珀（Mitch Kaper）为摩斯拉基金会的成立提供资金，这是一个支持该开源共同体的非营利组织。摩斯拉基金会的诞生是为了保证因特网永不会被公司独占。他们有一个意义深远的目的——用户创造网络，网络服务用户。摩斯拉基金会首先是一场革命，其次才是一个组织。

摩斯拉甚至不是单一的组织。最终，非营利组织内部组建了一个商业公司，建立了一个混合组织，为摩斯拉共同体服务。这个混合组织不断壮大，拥有了成百的员工和超过 1 亿美元的年收入，但是，它们的存在仅仅是为了服务志愿者和用户，那些相信互联网能服务大众的人。作为非营利组织的志愿者们，实现了要打破微软垄断的目的。他们完成了网景高管们所不能做到的事情。他们非凡的努力证明了意志和人力资本能够建立起伟大的事业。

一家非营利组织为摩斯拉共同体提供服务，而它是有一个商业公司内含其中的。它拥有一个清晰而有力的目标，并能够实现其成员的目的。它相信应对员工进行赋能培训而不是严格的管理。它努力做到透明化，让共同体成员参与决策。员工和共同体其他成员之间没有明确的界限，也没有将财务业绩作为成功的首要衡量标准。这个方法使得它所达到的成功水平远非网景所能及——网景是它的信息经济先驱。

所有这些因素都解释了为何摩斯拉基金会能成为有力的例子来见证目的经济如何使组织走向繁荣兴盛。而在随后几章中我不断探索，发现这还不是唯一的收获。如果你更密切地观察摩斯拉现在是如何运营的，其实有更多的东西可学。为了支持成千上万的志愿者成就看似不可能完成的任务，摩斯拉已经开发了一套独特的做法，能作为一个成功目的经济组织的示范。

目的经济组织——定义

拥有具体目的或价值主张不一定会成为目的经济组织。孟山都（Monsanto），全球最具破坏性的公司之一，有明确目的。奥驰亚（Altria）——烟草之王，它也同样拥有目的。同理麦当劳拥有目的，雪佛龙（Chevron）也拥有目的。

每一个组织都会有一个目标或者价值主张，不然它很快就会灭亡。一个目的经济组织会为它的员工和顾客创造目的——通过服务真正有需求的人，实现个人成长和构建共同体。

将目的经济组织作为一个非黑即白标签来讨论可能会是误导。不存在百分百的目的经济组织，就像没有一栋建筑是会永远屹立不倒一样。这是一个程度问题。

以谷歌为例，拉里·佩奇（Larry Page）和谢尔盖·布林（Sergey Brin）成立谷歌，致力于为人们创造目的。他们的产品帮助我们在需要时获取关键信息，改善了无数人的生活，并且他们的管理层仍致力于创造积极的社会影响。同时，公司的快速发展已经让许多员工渴望在生活中拥有更多的目的。此外，给人们的生活带来改善的同一门技术也被用于向公司销售广告，推销对人和世界具有破坏性的产品。

相反，沃尔玛一直是过去 50 年来最具破坏性趋势的引领者之一。其对当地经济、社区和劳动力的消极影响已有充分的记录。同时，沃尔玛也是当今重大转型潮流的主要倡导者之一，即呼吁消费者产品公司生产对生态可持续性更为有利的产品并且构建更具多样性和包容性的供应链。

谷歌和沃尔玛是目的经济组织吗？就像人类一样，组织是复杂的，并且充满矛盾性和面临诸多挑战。即使是那些聚焦于为人们创造目的的最成功的组织，也面临挑战。目的经济组织以创造目的为首要任务，他们为了实现价值观和愿景，做出不懈努力。

三种核心方法

目的经济组织正在以多种方式强化目的。在新经济中蓬勃发展的组织，至少会选以下三种方法之一，并将其与自身经营相融合。

第一种是向消费者或合作伙伴传递目的；第二种是为员工提供目的；第

三种是为建立贯穿供应链的目的。

哈佛商学院院长建立了"最强泥人",并通过提供极限障碍课程建立了一个快速发展的业务,该课程旨在测试一个人全方位的素质,包括力量、耐力、坚韧度和友情。这些课程迫使人们直面恐惧,通过要求他们穿过泥地、大火、冰水和1万伏特电压。全球已有超过一百万的人参与了这些极限障碍课程,参与培训的经历是个人茁壮成长的一部分。

"最强泥人"并不是作为一场比赛而设计,而是作为一项团队挑战。人们一般会和朋友们一起注册,并在整个训练和实际活动中相互支持。"最强泥人"承诺的一部分,就是把培养团队合作和友情放在课程时间之前(译者注:课程时间不固定,时间越长,主办方收费越高)。这使得过程社会化,并将同伴的成功视作目标之一,参与者们或说是"泥人们",能获得一种服务意识。"最强泥人"这样做为泥人们提供了个人和社会目的。

"最强泥人"传递目的。这就是他们的服务。创造目的是他们对客户的价值主张。这是目的经济类组织的第一种方法。

第二个方法聚焦于为员工提供目的。雅芳公司这样做已经不止125年了。与其说他们考虑客户需求,不如说是让女性从事直销的愿景给他们更多的启发。雅芳的目的是去创造"当许多妇女没有外出工作机会时,能给女性一个赚钱的手段"。此外,在它成立的时候,"它建立妇女之间的纽带,否则这些人会一直处于被隔离的状态"。雅芳对于在经济中建立女性独立性和赋予妇女生活目的这两方面来说都是至关重要的。自那以后,雅芳已经走了很长的一段路,但是始终保持着通过工作赋予女性权利的核心愿景。

马黛茶公司(Guayaki Yerba Mate)是通过第三种方法获得目的的绝佳例子。他们正在通过自己的供应链建立目的——那些为他们提供茶的人和公司。公司的核心目的是要到2020年创造1000份工作,并恢复20万英亩(1英亩约等于4047平方米)的热带雨林。他们建立了一个经认证的茶种植者贸易网络,能够为阿根廷、巴拉圭和巴西的原住民创造就业机会。

公司的增长目标与其目的息息相关。他们知道,为了达到预期的效果,他们必须每年增长25%直至2020年。这是一个很难实现的目标,但是自

1996年以来他们一直朝着目的一路前行。目的使他们的努力更加明确有方向。他们的努力所带来的影响并不局限于公司，而是涉及每一个在某种程度上对该公司整体业务有贡献的人。

DNA般的目的

12岁那年，琼斯·玛瑞（Josie Maran）去野外烧烤时，一位女士问她是否愿意参加时装秀。在这场秀里，一位经纪人发掘并鼓励她成为一名职业模特。几年后，她出演了后街男孩的MV。

从此以后，琼斯由一名普通模特蜕变成了超模。她连续三年出现在《体育画报》(*Sports Illustrated*)泳装特刊中，此外，她还是许多顶级品牌的常驻模特，从维多利亚的秘密（Victoria's Secret）到盖尔斯（Guess）。最终，她被指定为美宝莲（Maybelline）的代言人："美来自内心，美来自美宝莲。"她自己也因此成了全球知名模特。

但是，琼斯意识到这些还远远不够。如同她和我分享的，"我需要自己人生的意义，正如我需要空气一样"，而销售美宝莲让她感到窒息。她发觉自己有停止向妇女和女孩们兜售不利于身体健康的形象和有毒化妆品的机会。作为一名超模，她现在有能力创立一家与自己价值观相符的化妆品公司。

2007年，她推出了琼斯·马瑞化妆品——致力于保护和改善自然环境的一系列天然化妆品。凭借在模特行业的地位，琼斯很快就获得了美国最大的电视购物公司QVC和丝芙兰（Sephora）的订单，并成了化妆品行业的一大主力。

琼斯·马瑞化妆品已经看到了丰厚的销售利润，同时也促使化妆品行业发生了改变。琼斯已经发掘出消费者对天然化妆品的需求，她的竞争对手们纷纷效仿去改变生产线，创造新的化妆品。

琼斯在新兴目的经济方面的成功，不仅归因于其产品带给消费者的使命感，更是取决于她是如何建立、引导并继续带领公司的。在琼斯公司创立伊始,她认为"把目的感植入公司的 DNA 中"是至关重要的。她仍然保持"百分百地坚信琼斯化妆品之所以能成功,大部分源自每个人对工作的全身心投入,而且我们将看待世界的热情与看待公司和自己的热情融为一体"。

琼斯将这三种目的经济的方法综合运用到了她的公司里。她让她的顾客能够将照顾自己和整个地球视为自身的目的。她营造了一种崇尚工作的文化,并争取使团队中每一个人的目的都实现最大化。最终,她投资给摩洛哥支持妇女的公司建立了一条属于自己的供应链。目的已经成了这家公司 DNA 里的一部分。

琼斯和其他新经济领域的领军人物一样,充分理解了目的在商业中令人难以置信的力量。正如同考特尼·霍尔(Courtney Hall)——美国职业橄榄球联盟旗下圣地亚哥电光队(NFL's San Diego Chargers)的前队长,希尔科雷斯特风险投资合伙公司(Hillcrest Venture Partners)的总经理,告诉过我的那样,"目的是组织的'圣杯'"。这是新经济的现状,如同其他风险投资者,考特尼认为那些能够理解并创建目的的组织将成为下个经济时代的领导者。

过渡方法

其他公司也看到了对于目的的需求,但是它们明白自己没办法做出根本性的改变并放弃现有业务。比如像百事可乐这类的公司,没有打算停止生产不健康的饮料和零食,但它们知道,需要找到开始改变的方法以及向其员工和顾客表明这样的意图。

对于很多公司来说,以公益为出发的营销已经成为将目的注入其产品的普遍做法。典型方法是它们与非营利组织合作,然后拟定它们的目的。举例而言,2013 年奢侈品牌古驰(Gucci)通过这样的方式销售箱包,即承诺捐赠零售价的 25% 来资助联合国儿童基金会,援助亚洲和非洲的学校。这些箱包本身并不包含这一目的,但是通过把它们和为贫困人群提供的服务绑定在一起，人们在购买过程中便会感到自己为目标的实现做出了贡献。

于是，上百家公司纷纷效仿上述方法，非营利组织因此获得了新的收入来源。以公益为出发的营销帮助公众建立了关于世界关键问题的意识，并为非营利组织筹集到了必要的资金。随着公司做出更加深刻的变革，这种方法逐渐成为一种过渡战略。93% 出生在 20 世纪八九十年代的年轻人（又称为"千禧世代"）和 92% 的母亲表示，当价格相同时，他们会选择购买一个参与了公益事业的品牌商品[1]。

但是，正如我们在本章第二节探讨到，不可以将目的与事业混为一谈，即向某项事业提供捐赠并不能改变其产品和服务的根本特性。以公益为出发点的营销有助于公司扭转局面，它很有希望成为一种过渡战略，而不是一种永久战略[2]。

同样地，许多公司看到了为员工提供更多目的的需要，但是它们不能冒险做出根本性的转变。想要一夜之间改变像美国银行、惠普这样大公司的文化是不可能的。公司仍然需要吸引和留住顶尖人才，并尽量减少实现这种变化所需付出的代价。

公司正通过转向员工志愿者服务和慈善捐赠计划来逐步实现变革。如同公益营销，这些项目不会改变公司的核心性质，但是其将意义感融入公司现有的工作体验中，使员工更加满意。那些经常参与公司所提供的志愿活动的千禧世代对公司的企业文化做出非常积极的评价的概率大约是那些很少或从不做志愿的千禧世代员工的两倍。

帮助公司建立和管理这些项目的新型机构已经出现。瑞安·斯科特（Dyan Scott）成立的 Causecast 是迄今为止最成功的机构之一。他在做邮件交流平台 NetCreation 的联合创始人时赚得了第一桶金，现在他又一次赚到了。成立于 2007 年的 Causecast，已经实现了盈利，其客户囊括了美国最大的一些公司。

非营利机构 Causecast 构建了一个平台，使得公司员工能够从事志愿服

---

[1] "2010 Cause Evolution Study." *Cone Communications: Public Relations & Marketing*. 2010. Web.
[2] *2011 Executive Summary Deloitte Volunteer IMPACT Survey*. Deloitte Development LLC, 2011. Print. N.p.

务，接受捐款以及发起公益活动等。信息是当前经济的货币，瑞恩坚信"目的是新经济的货币"。瑞恩已经十分有远见地将他的关注点从信息经济转移到了新经济上。他明白"如果创造性地应用资本主义，就有可能解决当今世界在社会经济和环境方面所面临的挑战。"

> 在接下来的三个章节中，作者探讨了一个组织如何在新经济中茁壮成长。第九章概览了关键行业是如何变化的，以及创造价值的关键机会。第十章则概述了员工需求是如何变化的，以及组织需要如何调整来适应这些变化。本部分的最后一章审视了领导和管理组织所需的新技能。

第九章　领导中的目的性

> 在新一代领导人的职业生涯中，有一件事比其他事都更为重要：人生目的。
>
> ——利兹·莫（Liz Maw），Net Impact 总裁

对莫斯拉项目而言，它成功最主要的因素就是设立大胆的目标：为了社会并依靠社会，去创新互联网。这目的既是对世界未来的宣言，也是一场清晰的战前演说。在莫斯拉项目与挡在其前进道路上的巨人歌利亚（即微软）开战前夕，对于任何一项工程或组织来说，万丈雄心都是最强大的推动力。它可以广揽人才共汇合力，组成团队合作的前景。工作的愿景，将会改变我们的人生和社会，并汇聚成金融投资的强力磁场。为一项大胆的新理念募集资金，远比为一个风险适中的理念做同样的事要容易得多。

这一点同样可以应用于金融机构。适中的创意可以获得银行贷款，而大胆的理念承担更多的风险，会更多地通过风投机构筹资。而顶级人才和大宗金融投资，又对最负盛名的新理念感兴趣——即便它风险重重。对于所有目的经济组织而言，这一规律同样奏效。

当我离开芝加哥去硅谷时，心中有个小小疑问，我们如何确保非营利机构的规模增长和使命完成？我最初在互联网公司的经历，之后与非营利机构领导层的不断谈话，将我最初的疑惑转变为了更具风险性的但也影响更为巨

第九章 领导中的目的性

大的行动。

伊莱恩·梅森（Elaine Mason）时任 MTV 的副总裁，现任美国运通公司组织发展部的副总裁，在那时极大地影响了我。我们在纽约开办公司不久，我就遇到了伊莱恩。她已经在非营利行业开创了自己的事业——并像我和众多的同行人一样——陷入了窘境。不是因为报酬不足，而是由于机会丧失和潜力不够。伊莱恩看到了主根基金会的发展潜力，不仅可以通过提供公益服务使得非营利部门更有效率，而且可以通过吸引和保留尖端人才使得非营利部门发生重大变化。如果非营利机构能够利用那些各行各业顶尖公司所具备的销售、科技和管理资源，这会令非营利部门对人才的吸引力大大增加。

2001 年主根基金会成立时，我们没有期望为非营利机构提供志愿者，没有只是想要帮助湾区的非营利机构，也没有去改变非营利机构利用人才去做好事的经营模式。我们的目标是努力确保非营利机构拥有赖以生存的资源。最终，我们的愿景就是到 2020 年，高质量的公益服务随处可见，所有重要的商业机构都能引进公益的理念。这是我们为自己设立的宏伟目标——大胆却非不切实际——它是指引我们战胜千难万险的北斗之星。

如果我们在蓝图中不树立超级目标，要想达到它只能是奢望。

在实现所有商业机构都能践行公益理念的核心愿景时，我借鉴了别人已建立的一套完美措施，这帮助他们实现了一般企业难以企及的目标。

当温迪·科普（Wendy Kopp）创建为美国而教（Teach For America）时，借助"悬停宇宙法则"，她开启了变更游戏规则的新组织[1]。她没有从零起步。作为普林斯顿大学的资深学者，她决定创建一个全国性的教育公司，计划筹资 250 万美元。她有一个宏伟的创意，而这需要巨大的资源。正是这一大胆敢为的计划，为她赢得了与包括施乐、IBM、AT&T、大都会人寿和道奇基金会总裁们见面的机会。纵然在这条路上遇到了无数的挑战，但借着雄心壮志，温迪战胜了它们。最终赢得他人的支持和社会资源，她成

---

[1] Kopp, Wendy. *One Day, All Children: The Unlikely Triumph of Teach for America and What I Learned Along the Way*. New York: PublicAffairs, 2011. Print.

功建立了达成愿景所需的组织。

这一理念，在目的经济时代促成了许多企业的成功。尽管人们很容易因一点点成绩而沾沾自喜（在小说里这都是重要的步骤或极富影响力的成就），但只有大胆、耀眼、宏伟的目标，才能点燃责任和在失败中战胜悲观主义。大家都很忙碌，我们的资源也十分有限。只有能造就历史性变革的机遇，才能使我们调整固有的优先级并将目的放在最重要的位置。

追求风险适中的目的只会削弱你的实力。互联网时代教会了我一件事，即根据潜在可能性规划目标的重要性——除非你能证明自己将改变或创造一个新的行业，否则你将无法获得投资。如果你只是创新了一项业务，那就去银行贷款；如果你想追求更为高远的理想，那就需要得到巨额的资金。

2002年后半年，里德·霍夫曼创建领英，他有一个大胆的与早期人才库相关的目标——建立一个能为全球劳动者带来就业机遇的平台。为实现这个目的而有的远大抱负给了他的团队一种难以置信的早期的目的感。

他发现自己在早期就可以吸引目的导向型工作者来加入他的团队。到他团队的人都是受到愿景的吸引而愿意冒险。然而，随着公司的发展壮大，他意识到他们的团队需要扩员和增添不同的技能，需要有不同的性情。他们需要建立一种强大的文化并找到保持和发扬他们昂扬斗志的途径。

为了持守目的作为他们的核心价值，里德和他的团队设计了他们的聘用流程，一切都要以目的为先导，但是要让每个职位上的人都能够找到他们的目的。从他们的第一次工作面试到新职员培训到绩效评估，他们一直持守他们的指导性价值观：总是先考虑到领英个体成员的利益。即使为雇主服务可以带来经济利益，但是只有当领英个体成员也会受益时，他们才会提供该项服务。正如他们中的一个负责招聘的人员告诉我的：如果候选人不能把在领英的工作看作是帮助他人同时改变世界的途径，领英会拒绝任何候选人。这样的聘用流序是以目的为导向的，它可以确保领英发展所需的持续的凝聚力，它的规模已经遍布全世界并拥有1万多名员工。

在2015年，Imperative在领英做了一个对目的的深入研究，他们发现41%的员工是目的型的。这个数字几乎是技术公司平均值的两倍。

这次研究表明，这些目的型的员工无论从任何方面衡量，工作表现都要优于其他同事。

领英诸多的成功都源于他们吸引卓越人才的非凡能力。领英的目的型工作者具有以下物质：

- 54% 更有可能留在公司工作五年以上；
- 30% 更有可能成为绩效优秀的雇员；
- 69% 更有可能被贝恩公司归类为促进者（员工满意度等级，它衡量员工的参与度与忠诚）。

目的经济中的最先要建立的就是合适的团队。像领英这样的公司建立的竞争优势就在于他们把招聘重点放在人身上，就是那些把意义和成就感看得高于金钱和地位的人。

领英建立的文化崇尚同理心，把工作看作是带来有意义的影响以及把领英成员的利益放在第一位。如果你不了解公司的成员，你无法服务他们。在目的经济中，对于领英和其他创新者而言，当他们将员工和客户在一定程度上一视同仁时，这一点不难做到。

摒弃矩阵

现代科技已足以创建起全球性的巨无霸公司，无论是在供给方还是消费方，以及在消费者日常生活的现实中，职业人员日益被边缘化。管理也变成了只是非人性化的数据分析，诸如我们已经完成了多少，还需要做多少，在这个过程中，减弱了对人的评估和创造力的重要性。

2008年的次贷金融危机，同样是结构性缺陷的副产品。我们创立的新管理层脱离了现实，管理者不再去做理性化的决策。房地产行业建造房屋的目的，不再是使它们成为家庭长期住所和财务稳定性的来源，而是希望所建的多余住房可以成为市场投机的目标从而获得利润。银行业不再依据人们的支付能力限额贷款，转而开始不仅欺骗公众也包括他们自己，以致巨额贷款被发放给高风险人群。他们通过数学计算与加工，有意分离事实和刻意篡改信息等方式使放贷行为合理化，完全不考虑这样的行为给人们的实际生活可能带来怎样的影响。他们创造了生活的矩阵，百分百地以算计而非良心去操纵游戏规则。

尽管传统公司稳定的工作收入对大多数人来说具有诱惑力，对在这个矩阵工作的大多数人而言，却无法得以满足。从2008年以来，盖洛普健康（Gallup-Healthways）幸福指数每天抽取超过1000名年轻人的民调表明，美国人感到今天的工作比以往差多了。盖洛普健康的报告说，71%的劳动者不想上班，25%的人是所谓的山洞一族，即"极端之人"的缩写。

很悲哀的是，大部分经理并不知道其团队的推动力是什么。当被问到其对员工诉求的理解时，大多数经理给出的回答为高工资、稳定性以及晋升机会。而雇员提出的诉求则集中于赏识、参与度以及理解。作为最主要的推动力，经理不仅认识不到，反而将其置于要务之末[1]。"成功就是金钱"的概念日益受到人们的反对，同样"先赚钱，再为社会做贡献"的理念亦被摒弃。

在《星期日泰晤士报》（Sunday Times）一档现在臭名昭著的访谈中，高盛的首席执行官坦言，作为一个银行家，他正在做着"上帝的工作"。他可能不是首席执行官中唯一这样认为并且有证据支撑其观点的人。但在大多数情况下，这并不是真正推动这些经理人所在公司前进的目的，他们常常放弃了民众的利益。很多商业领袖让他们自己相信，为社会做贡献的最好之路，是挣巨额的钱，然后再将部分资本回馈社会。

---

[1] "Trendwatching.com's May 2011 Trend Briefing Covering THE F-FACTOR." *Trendwatching.com*. N.p., May 2011. Web.

第九章　领导中的目的性

目的蒸发

对于硅谷的高管们，我最喜欢问一个问题，这就能告诉我们这些高科技公司的慈善参与度如此之低的原因：你们的公司为何与慈善绝缘？回答五花八门。从把企业家描述为奉行艾茵·兰德（Ayn Rand）的自由主义，到解释硅谷的泡沫现状。

关于这一议题，领英公司负责产品管理的副总裁戴维·哈恩（David Hahn）有一番真知灼见。他观察到在公司发展的另一端，在产品单一的初期公司里的雇员，普遍具有目的感。他们努力去改变现状，对自己的工作具有强烈的责任心。他们希望发挥更大的影响，更快地成长，成为这个活力十足公司的一分子。这就是构成目的的三个最核心的要素；在这些年轻的创业公司中存在着真实的目的。

当我在硅谷早期崛起的时代工作时，我有一个强烈的目的意识。HomeShark 是我最初工作的地方，这家公司致力于变革房屋抵押行业。通过将决策权从银行归还到消费者手中，使他们能够为养家糊口做出更好的抉择。在撰写了两个月的网上购房指南后，我被调进了产品管理岗，这是我梦寐以求的工作。我正处在一个不断进步的轨道上，得到了行业中最优秀人士的指导。24 岁时，我已经设计、搭建和上线了多个产品。我帮助我们的公司兼并了另一家公司，融合了二者的产品线，而这使我肩负起了管理的职责。我开始管理一个团队，可以协调公司 200 多号人开展工作，充分挖掘我所开发产品的潜力。这一切，印证了戴维在前面的所述。

只是，HomeShark 所发生的一切，正是大部分公司成长路径的预演：他们将"大卫"变成了"歌利亚"。也就是说，当一个公司开始变为市场的领航者，在其中工作的员工就很难再从"与既得利益者做斗争"中获得目的感。如果你看看有着慈善和志愿者项目的公司，它们几乎清一色地越过了"大卫"阶段，而成为现在的"歌利亚"。它们由于过于庞大而无法像以前作为初创公司时为员工提供紧密连接的关系,更无法找到革命性的举措为全公司员工构建共同社区。

从这一方面来说,创业者更容易创建出目的经济的"大卫型"的组织,而经理人想要将"歌利亚"转换成目的经济型公司则要难得多。此外,作为"大卫"一样的小型组织,更易参与到目的经济中去。

当一家公司变成了"歌利亚",就常常会建立企业基金会和志愿者项目。公司需要以此来补充目的,因为他们不再能持续地在工作中为员工提供目的感。佐治亚大学的杰茜卡·罗德尔(Jessica Rodell)发现,"当工作变得越来越没意思时,雇员更乐意参加志愿者活动,借此实现人生意义的追求[①]。"随着公司的发展,这一现象越发凸显。如惠普公司和富国银行(Wells Fargo),在很久以前就不再具备"大卫型"初创公司的魅力,变成了庞然大物,以致他们的雇员在寻找发展机会和挑战自我时,陷于苦苦挣扎之中。对人们而言,职业发展是人生目的的核心推动力。当它受到限制,找寻目的就成了攻坚战。

惠普公司的一个设计师,在申请和主根基金会做公益合作项目时,对其工作状态进行了完美总结。他在这个公司工作了十多年,有着稳定的收入,友善的同事,一直享有着最好技术和工具的使用权。但有一件事催发了他离开的念头:他厌倦了单调的设计。作为设计师,他渴望更大的平台,他想拥有多样化的设计经历。

缺乏自我表达的机会,催生了许多公益咨询专家。他们中有的是设计师,其他的则是"另类艺术家"——销售经理、项目经理、工程师、摄影师等。他们都对自己的技能充满激情,却苦于公司单一的工作,将他们限制在同一个平台上。当持续性成为大型公司富有成效经营的关键时,那些天才和创造型的专业人士,就窒息如死了一般。因此,许多公司渴望获取更多的创新和创造,但它们却无法迈出关键性的第一步——把他们的雇员当成艺术家。

[①] Bunderson, Stuart J., and Jeffery A. Thompson. "The Call of the Wild: Zookeepers, Callings, and the Double-edged Sword of Deeply Meaningful Work." *Johnson Graduate School, Cornell University*. 2009. Web.

目的的影响力

宾夕法尼亚大学的亚当·格兰特（Adam Grant）与大学募资呼叫中心的雇员合作，做过一个简单却极富影响力的实验。他把雇员随机分为三组。第一组是阅读呼叫中心前雇员们的故事，思考这项工作如何帮助他们提高了销售技能。第二组则是阅读校友们是如何从呼叫中心的捐献中受益的故事。第三组则被要求，读一些与呼叫中心没有什么关联的故事。

他将实验重复了五遍，发现每次实验的结果都相同。那些读第二个故事的人，都有了明确的目的，要筹措已募得基金额两倍以上的捐献资金。通过分享一个五分钟的故事，他使这些人的影响力翻倍，让他们因树立目的而威力剧增。

更重要的是，他的这个实验揭示了在大型公司的中层管理工作中，只要采取一些小小的措施，就可以使公司逐渐成为目的经济型企业。成本低廉，方法简便，效果立现，他给大公司开出了灵丹妙药。

人力资源的新秩序

黛比·科恩（Debbie Cohen）在信息经济时代退休，2011年加入了莫斯拉团队任人力资源经理。很明显的是，从一开始莫斯拉公司就有一套与众不同的企业文化和领导风格。而这就需要黛比设计一套全新的管理方法。这是一个令人振奋的机会，它可以挑战管理局限和改变工作文化。如何培养领导者，让他们能够通过跟随而非引领获得成功？如何打造一个团体，那里志愿者与雇员的界限微乎其微？这类问题与信息经济时代的人力资源管理方法形成了鲜明的对比。而后者诸如微软、亚马逊，则是通过相互竞争、上下等级和智力竞赛等方式管理员工。

人力资源作为组织中的一个部门，其功能常常被我们视为理所当然，然而人力资源是一个最近才出现的崭新领域。在工业经济时代，相关的职能就已存在。但直到20世纪80年代，现在被我们所熟知的人力资源形态才刚刚出现。在很多方面，这一特殊术语展现出了该领域天然所面临的挑战。如何在把雇员价值看作资源的同时，也将雇员当作人来看待？

作为人力资源前身的人事部，是用来加强公司与劳动工会之间的谈判事务，是控制成本和抱怨时管理层的传话筒。伴随着信息经济的出现，人们认识到聘用高质量人才的重要性，所以觉得应该增加人力资源部的人手。但是人力资源部历来是为了劳工谈判和降低风险而存在，这时的企业仍然将雇员当作商品看待。这一缺乏远见的做法，随着雇工法的实施而恶化。雇工法赋予人力资源部裁决监督公司是否遵守了雇工法，公司因为惧怕诉讼而令其拥有出巨大的权力。从一定程度上来讲，现代化组织中人力资源受欢迎的程度较低。媒体常常报道人力资源的负面新闻，人力资源常常被曲解为管理的帮凶和创新的绊脚石。这同时也创造了另一个机遇，这一点将在本部分的最后一章予以分析。因为更多的人力资源从业者，在重新界定他们在组织中发挥的作用时，对其职能的定位更接近于共同体经理。这不仅改变了我们对人才的认知，也改变了我们实现核心管理功能的方式，此管理功能在传统意义上支撑一个组织最重要的关系——组织与其雇员之间的关系（见表9.1）。

共同体组织力

在激励与带领人们自我引领方面，共同体组织力是一门艺术，是领导力最纯粹的形式。哈佛大学的马歇尔·甘兹（Marshall Ganz）更具说服力的定义，共同体组织力是"承担引领他人的职责，以在不确定环境下实现目的的行为"。在共同体组织力方面，可能没有比马歇尔·甘兹更伟大的专家了。在协助巴拉克·奥巴马竞选2008年总统，成功设计了全民狂热的草根组织战略后，他声誉日隆。他已经从事组织力事务40多年。在此之前，他最初在密西西比州致力于公民权利事务；再之后，就成了历史上最伟大的组织家凯萨·查维斯（Cesar Chavez）的学徒。

之前的方法	新方法
在事业上向上爬	每天发现意义所在
得到晋升就意味着成功	成功就是强化关系、影响和成长
工作是得到结果的手段	结果就是带着意义工作
专业化的	人性化的
平衡工作和生活	工作和生活为达成目的整合在一起
想要退休	不想退休或退休后仍然带来影响
同事间会保持适当的距离	同事是朋友和家人
一旦成功会有回报	回报使你成功
我们是机构中的螺丝钉	我们是工匠
有赢家和输家	如果我们相互支持，大家都能赢
我们在培训和课堂中学习	我们通过做事和冒险学习
找到适合自己的工作	使工作适合你

表9.1　12条新工作规则

Net Impact总裁利兹·莫与我分享说："新一代的领导人在其职业生涯中，正在寻求一件事：目的"。Net Impact可能是最被贸易协会认可的目的驱动型非营利组织，分支机构遍布世界，拥有员工数千人。利兹解释说："要想吸引到顶尖人才，雇主必须明白游戏规则已经改变，与经济有关的一切也在改变。"

对于像莫斯拉这样的组织，共同体领导力是成功的基本要素。这些组织中的雇员、自由职业者、志愿者和用户，这些不同群体并没有被明显地差别对待。每个个体都是共同体的一部分。例如：志愿者为产品提供大量技术支持，把移动平台延伸到没有线下员工的拉丁美洲，在手机营业厅里（在那里可以免费使用通信服务）使用新开发的网络浏览器培训新员工。志愿者常常要在其雇主处每周工作 40 多小时，如 IBM，但他们会抽出夜间和周末的时间志愿查找莫斯拉软件的病毒。

莫斯拉共同体的复杂性在 2013 年秋被全然地彰显出来，彼时他们组织了一次 1800 人的团队峰会。不像大多数的务虚会，这次会议在世界三地同时召开，主要参会人员是志愿者而非雇员。莫斯拉公司负责支付参加峰会的志愿者的机票和住宿费，在会议中收集他们对于组织各方各面的建议，包括其战略。在这次峰会的很多方面，都出现了较大的争议，志愿者和雇员们激情澎湃地争论着公司的发展方向。没有介入解决问题和强做决定，这一次莫斯拉的领导层为这些争论留出了拓展的空间——他们相信共同体组织可以解决这些问题。不再自上而下开处方，公司允许基层人员给出解决方案。

LivePerson：打造人员联络型共同体

LivePerson 使企业通过与客户闲谈聊天、语音传递和内容沟通，在有限的时间内富有成效地建立起联系。该公司创设于 1997 年，它洞见到在新出现的线上市场中，客户需要与一个与客服人员建立即时联络的机制，以解决商品购买或客户服务等问题。2000 年，LivePerson 公开上市，十年后意识到需要进行商业模式转型，以便拓展更多的产品线。这是一家成功组织在成长发展进程中经常遭遇的典型时刻。这同样也是一场弱化此组织目的与文化的变革，现今的团队已经无法再凝聚在单个产品线下。这常常会导致内部势力范围的战争和政治争斗，每个人都在为预算与分配奋战，极力证明自己的产品才是皇冠上的明珠。

在 2010 年，LivePerson 召集整个团队，集体讨论下一步决定着公司生死存亡的改革问题。他们深知随着公司的成长和产品线的多样化，随时将发生迷失发展目标的风险。现场讨论形成了对未来的共识——"创造富有意义的联络机制"。这也成为他们重新定义价值观的基础，据此共同体的共有者们承诺彼此互助。

第九章 领导中的目的性

LivePerson聘用富有远见的人力资源领头人史蒂夫·施洛斯（Steve Schloss）统领这次改革，选举共同体组织专家彼得·布洛克（Peter Block）作为公司的董事会成员。伴随着"全球迎新体验"创意的提出，斯蒂夫走马上任。

不同于常规的迎新体验（即将新入职员工召集到一个无窗户的会议室开会），他将新员工立刻分为若干5人小组，并将他们直接派往社区。小组的每个人分得了50美元的礼品卡，然后去走访公司的客户，并在客户的门店消费购物。之后，向公司反馈拜访的体验和与客户的互动情况。然后，他们就收到了另一份50美元的礼品卡，并被要求在线上市场将上述业务重新操作一遍。线上和线下的客户体验会有什么异同？二者如何才能开展得更好？一天行将结束时，新员工们明白了LivePerson何以能够存在，以及它创造的价值所在。

新老团队的员工们设计了新的名片，使得他们的工作使命得以个性化。在卡的背面，通过将"我以_____方式与他人建立联系"这句话填写完整，让雇员们彰显自我的个性与特点。

随着公司的壮大，目的追求从专注组织层面的目的，转向关注从员工重塑工作过程中发掘出的目的。LivePerson明白这一切将不可避免，但又希望保留昔日连接每个人的共同文化。联邦快递公司在这方面广为人知做得好，他们让每个员工有机会驾驶一次公司的卡车并递送一次包裹。在LivePerson，史蒂夫的平行策略是，无论其职位是什么，每个员工都可以公开谈论对公司的看法并与客户进行互动。这是公司共同经验的分享，史蒂夫已经在他的"全球迎新体验"战略中，开始了这项伟大的工作。

伴随着"全球迎新体验"战略的进行，公司的共同体文化和共享文化也开始推行。这一理念要求团队的所有雇员都要求执行到离岗的那一天。纵然辞职，也要自己负责举办离别聚会来向共同体道谢，感谢其对你个人及职业发展所带来的提升。

打造共同体型领导队伍

无论是主动选择还是被迫采纳，莫斯拉的领导层不得不用另外一套模式培训它的各级领导。基于独特的组织架构，他们不得不下定决心创建一种自下而上的文化，通过赋予个人权利而获得成功。他们不得不实行公仆领导制。在莫斯拉，作为员工领导，黛比·科恩开发了一套可以使志愿者与雇员并行工作的领导力项目。志愿者中的许多人又是大公司的雇员，他们之所以愿意在下班之后又去做志愿者，是因为它是一项重要的实践，而这在他们的白班工作中又无从获取。

黛比对该项目极其认真，期望所有参与者也认真对待。错过一期，必需出局。目的是让组织中的每个参与者都能成为教练，一个能哺育他人以便每个个体及团队都能够梯次成长。她知道如果能够在该项目的头两年内能够使足够多的经理和管理者参与其中，她就能够创造出一个引爆点，使教练制和导师制成为公司文化中的正常现象，公仆领导制也就变成了常态。

在领导力项目末尾部分的一次活动中，黛比将所有的参与者，载向旧金山南部30多分钟车程的一个小镇——半月湾。她把他们放在一个街角，并交给他们一个任务，即以某种方式帮助他人，然后在这一天结束时，再回来把他们接回去。她没有为他们设定什么日常规范，或让他人或组织帮助他们。此刻她让参与者百分之百地自我负责。

他们不得不开口询问其他人，他们是否需要帮助。起初显得很尴尬，如果没有人需要自己的帮助怎么办？怎么向别人说呢？如何才能真正地帮助到他人呢？他们开始明白，帮助他人是一种荣耀和特权。他们意识到领导力需要去获取，而非仅仅来自官衔或工作职能。

在半月湾，帮助他人是支持共同体最佳的方式吗？未必。但是对参与者而言，它却具有难以置信的影响力。正是帮助他人，使他们不得不更加开放、向他人提供资源并且真诚地与人交往。这一天结束时，黛比接回来的

第九章　领导中的目的性

人，与她早上送去时相比，面貌焕然一新。他们尝到了真正领导力的甜头——勇气、同情和付出。

不受管束地工作

现在黛比想到了更多。如果没有经理管束，莫斯拉公司能成为一个共同体吗？她如何才能创建一套教练制文化，而不需要自上而下的等级管理制度？如何建立真诚为共同体服务的公司——包括雇员、客户和投资人？

劳动力非居间化，这并非如听起来的那么激进，而是数个公司正在试验实施的一种理念，其中较知名是埃文·威廉斯（Evan Williams）创立的新企业 Medium。埃文渴望提升整个团队的创造力，以便解决问题更迅捷，会议花费的时间更少，生产力得以提高，整个团队能够真正精通业务。如埃文所述，作为一个团队，大家把自己限制在了本职工作和职责范围之内。然后就只盯着项目，把目的和视野固化变窄。从概念的生成到项目的落地，每个项目都需要组织中各个部门的团结协作，并且项目的进度会以可视化的形式在公司的白板上呈现。没有人会直接为另一个人工作，是否愿意发挥领导作用引领改变，完全在于自己的意愿。如果想得到帮助，你需要说服他人乐意去做。最终，大家都按期完成任务和避免了程式化的会议。

他报道说这项规划运作得出奇的好。"团队执着地专注在正确的事物上，而仅仅使用了投入资源的一部分。"他承认他们只是其中的一家小公司，埃文将其公司的员工描述为"难以置信的全方面人才"。虽然这只是个小规模的实验，却极大地鼓舞了其他人，如莫斯拉的黛比，还有近期 Zappos 公司的托尼·赫斯（Tony Hsieh）都在改进自身工作的局限性。

黛比和她的莫斯拉团队，走在了目的经济的最前沿，与前进道路上遇到的各项挑战进行着征战。例如：非工程类团队成员相比之下由目的驱动的可能性更小。如果你从事会计工作，如何才能感到自己是共同体重要的一部分？你如何创立会计人员能够共享激情的文化？或者说，当在一个组织中所

163

有雇员都全身心地投入于同一个任务的实现时如何解聘员工？当你出于绩效的考量而不得不解聘某人时，你不仅仅是使他们丢掉了工作，你还夺走了他们的目的与激情。如果工作只是你的一个岗位或一段职业生涯，那是另一回事；但是如果工作是你的内心召唤，并且整个世界都是围绕着这个共同体构建的，那就是另一回事了。

持续地改变——指挥家式领导

对多数企业来说，一下子转型成为一家共同体组织，所冒的风险太大，而且将无法承受转型所带来的繁重工作。Elance（著名的在线外包服务网站成立于1999年，位于美国加州）的法比奥·罗萨蒂（Fabio Rosati），以音乐指挥比喻一家组织如何渐进地引导领导方式向正确的方向发展。他指出："指挥家不是告诉人们该干什么，而是协调大家的分工。同时指挥家又是杰出的激励家，完全了解每个人的长处，及如何将这些人的技能组合在一起。"

由于缺乏全面推行共同体文化的组织体系，指挥家式领导的比喻萌生了一个创意模式，即如何持续领导流动性日益增加的团队，这个团队由公司内部员工作为核心成员并吸纳了众多拥有不同技能并且技能精尖的外部员工。法比奥自己正在Elance践行这一模式，那里1/3的员工是全职，2/3的员工是自由职业者。他使用这一模式的公司大多运行良好，主要是运用此模式的各种前提条件都已就备。

这并不意味着目的经济组织中的团队领导与团队成员的职能完全相同。如同法比奥所述："还是需要有人站出来说：'这才是我们需要实现的。'"这种领导方式不仅需要交互协作，更需要鼓舞与体恤。这方面的关键，是对他人感受的深刻理解，尊重和鼓励他们自我表达的愿望，以上这些，是我在创立主根基金会时感悟到的构建目的经济领导力所需要素。

学会放手控制和善于合作，从长远来说不单是一个选择。随着现代有别于传统的劳动力的高流动性，目的经济的不断成长，我们中更多的人，可能将永远不会就职于或领导某个机构。我们将只会建立由独立人才组成的各个工作团组，去逐个推行项目。

数年来，导师们告诉我作为一个首席执行官，我的职责应该是引领而非亲力亲为。事实上我还在撰写和设计项目报告，因而被认为是失败的公司创立人。然而，做这些工作使我个人收获颇丰。坦率地说，这些工作成果也使公司能够给社会带来更大的影响。

上述任务给我带来了意义，它们让我展示了自己。很少有领导允许自己做这些事情，但这是你能为公司所做的最有益的事。拿最近的一件事来说，我为项目的一百个参与者画了肖像。它花费我整整一天的时间，却使我感到与这些参与者们建立起了联系。在观察他们的脸部时，我得以用新的视角看待一些老朋友，也可以与从未谋面的新朋友建立某种联系。这使这个小组像一个共同体一样，加增了我对他们的同情感。收到一份来自首席行政官绘画的肖像，给员工带来了难以置信的体验与冲击力。其中的一个参与者是埃森哲（Accenture）公司的高级总裁，高兴地发表推特说，那是他收到过的最棒的活动赠品。

即使是作为一个指挥家，你也需要偶尔拿起一件乐器弹弹。指挥家需要在弹奏单个乐器和指挥乐团之间达到一种微妙的平衡，但一个从不弹奏乐器的指挥家，会中止与他的交响乐团之间的关联，最终将不再真爱音乐。如果你阻止自己去表达和创造，目的感或可感染他人的激情将会难以持续。

拆除藩篱

对于 Zaarly 的首席执行官博·菲士巴克（Bo Fishback）来说，把雇员与客户分开是件很困难的事。Zaarly 是一家互联网公司，专向顾客提供当地邻居推出的饮食、家庭手工品、健身项目和其他服务项目。Zaarly 网上的数百个门店与菲士巴克的雇员一样，都需要依靠菲士巴克维持生计和实现梦想。这些门店和雇员，对于 Zaarly 的发展同样至关重要。在任何时间里，都会有几个客户会来到菲士巴克的办公室，要么为 Zaarly 平台迭代要添加的新功能献计献策，要么为改进自己的门店设计。

市场上最新出现的商业模式，与目的经济十分相像。该模式下，公司共同体打破了雇员、派遣工和客户之间的传统界线，目的是建立支持公司使命的共同体长期文化。它的激进之处在于，某一时间段内，一个人同时可能是股东、客户和员工。客户与员工界限的模糊，不仅仅发生在 21 世纪成立的公司中。即便像福特这样的公司，客户也在持续助推公司销量，提出对公司新服务的反馈意见和并且帮助公司建立品牌口碑。人们都希望知道自己的朋友和熟人，都在想、做、吃、读、听和买着什么产品。因为事实上，有很大可能这些也是他们"所想、所为和所买的"[①]。客户在价值产生过程中扮演了关键的角色，而传统组织的流水线则正在消失。

传统意义上，市场营销和人力资源是公司关于人的两个核心功能。二者都聚焦在如何吸引和引领人们实现公司的使命。在过去很长一段时间内，这两个部门在与客户、雇员不建立关系的情况下运作良好。但现在，这一切正变得越来越不太可能和无关紧要。今天精明的公司不再以隔离的方式看待运营中的各种角色（例如雇员、客员、领导者等），而以整体的方式融合多功能服务于大型共同体。在融合这些功能时，组织不仅变得更加高效，同时也变得更加人性化和重要。

两个锣的故事

Zaarly 和 Yelp 两家公司都正在艰苦地开展着同一业务：联系同一区域的客户，进行产品交易和提供相关服务。它们也采用相同的文化实践：以敲锣的方式庆贺公司的每一次胜利。然而它们在鸣锣的场合上，却不尽相同。在 Yelp，公司在完成一项广告交易时鸣锣庆贺；而在 Zaarly，

[①] "Trendwatching.com's May 2011 Trend Briefing Covering THE F-FACTOR." *Trendwatching.com*. N.p., May 2011. Web.

> 却是公司得知卖家在门店实现了交易后，一天工作行将结束时敲锣欢庆。Zaarly是典型的以集体成功为荣的目的驱动型组织，它有计划地建立起了员工和客户对公司深层的忠诚度，以及他们分享公司成功的共同体。

为社会变革而工作

纳撒尼尔·科洛（Nathaniel Koloc），是一家从事招聘的非营利ReWork公司的联合创立人（一家目的经济型组织）。他2008年从大学毕业，与同学们一样，决心寻找一份既能积极影响社会，同时又具有职业挑战与良好报酬的工作。作为一个毕业不久的大学生，纳撒尼尔创建了ReWork，专门帮助刚刚毕业的大学生寻找他们凭自己难以锁定的具有挑战性的工作。

通过ReWork，纳撒尼尔帮助职业人员找寻富有目的性的工作。他发现这些人都在寻觅着三样东西：

- 馈赠：完成一项工作后，无论是一个项目、一项工作或一段生涯，感觉世界以一种对他们有意义的方式变得不同了。
- 技能：一项不断增强的手艺、力量和才能，有助于人们自我定义和个人认知，包括因为专业和经验的提升而不断增加的责任。
- 自由：他们渴望付出能够匹配所得，但对诸如远距离上班（即工作场所不是公司的常规办公地点，而是在家或其他地方）、自由支配时间和员工福利这些工作条件，看得要比工资更重些。

纳撒尼尔看到过去十年经济图景导致了现在持续的不确定性，其存在于大型机构中也存在于初创企业中，使得长期工作稳定性成了奢望。随着事业的碎片化，工作更多地视为是年限更长的事业"旅途"中的一个个跳板，这也解释了人们在工作中的优先级发生了变化。不同年代的职场人士——不仅仅是千禧世代——都认识到，他们愿意探索（即使走弯路也不怕）以决定在哪里他们的技能和经验能够发挥最大作用，以使这个世界变得更加美好。

动物园的教训

圣路易斯华盛顿大学的斯图尔特·邦德森（Stuart Bunderson）和杨百翰大学的杰弗里·汤普森（Jeffery Thompson），研究了目的给工作带来的活力，并发现了完美的课题探索之地——动物园。

动物园的管理员都受过良好的教育（73%的人具有理学学士或以上的学位），但平均年薪却只有2.5万美元。这就要求他们中的多数人（63%），要借助第二职业的收入来养家糊口[1]。在这里，没有太大的进步发展空间，局外人常常认为这是一项脏累的工作。无需多言，这不是一项体面的工作。

虽然面临诸多挑战，收入难以置信地低，许多管理员在真正得到雇用前，还要做上数月乃至数年的志愿者。然而，当斯图尔特和杰弗里询问管理员们，什么会让他们停止这项工作时，却极少有人认为这会发生。"没有什么能让他们停止我的工作。""我认为没有什么事，会使他们让我离开。""我想不出有什么事会让我离开这里。"

作为动物园的管理员，他们是共同体的一部分，有着对动物的高度责任感。动物因为人们需要得到教育而失去了自由，管理员将提供最好的看护视为自己的责任。如果他们不关心动物，谁会呢？如果动物生病了，他们常常要牺牲休息时间，在夜里来到动物园护理它们。

---

[1] Bunderson, Stuart J., and Jeffery A. Thompson. "The Call of the Wild: Zookeepers, Callings, and the Double-edged Sword of Deeply Meaningful Work." *Johnson Graduate School, Cornell University*. 2009. Web.

第九章　领导中的目的性

　　虽然动物园和莫斯拉公司具有明显不同，但它们却有着一些共同的关键特征。例如：如果一个雇员离开了动物园，他会去哪里工作呢？工作岗位太少以及缺乏兼容性，在一个城市里，不可能有十个动物园等着雇用他们。同样，莫斯拉是一个充满激情的共同体，大家都在从事着以人为导向的互联网业务。而其他从 Drupal 到 WordPress 等开源的共同体组织，大部分成员是志愿者，真正受聘领薪水的员工占极少数。

　　动物园的管理员和莫斯拉的共同体成员，相较于微软公司的员工，对领导力有着更高的要求。动物园的管理员以传统的手段，在做着艰苦的管理，他们没有将自己岗位视为一项工作——它更多的是道义与责任。他们把自己看作动物良好状态的看护者，广义上说，他们是野生生物资源的守卫者。

　　当一个传统公司的领导，做出一项不受团队待见的决策时，如微软公司或美国银行，他们会被认作无效管理。雇员们会因为他们的判断力不足，把他们当成罪犯。但是，当一个动物园的管理者决定，把有限的资源用在了新型旋转木马或爆米花上，而非改善动物的居住条件时，他们面临着被认为不道德的风险。在一个看重目的的组织，管理者被他人以更高的标准评价。

　　目的导向型领导有着更强的责任感，这已是研究人员从动物园管理中发现的重要谜底。在与动物园管理员们交谈的过程中，斯图尔特和杰弗里听到了令他们惊讶的事情。尽管工作艰辛和条件艰苦，许多管理员却坦承深爱这项工作，只是从不让单位的领导知道。事实上，他们甚至刻意给单位领导留下不喜欢这项工作的印象。他们害怕领导知道了，他们会受到不公正待遇；他们有权利表现出不喜欢这项工作的样子。或者更准确地说，通过不让领导知道他们的真实想法，他们避免了被权力操纵，以便能够自由地工作。

　　这就像黛比在莫斯拉公司看到的情况一样，公司将一个员工解聘后，这个员工立刻回来自愿成为志愿者。这不单单是一项工作，其中蕴含着该员工的人生目的。动物园和像莫斯拉一类组织的领导们，不仅仅掌控着员工的薪

169

水，他们同时还掌控着每个成员的工作目的。这是一项令人难以置信的重任，同时也极易被滥用。

　　通过选择富有目的意义的工作，我们会变得易受伤害。易受伤害这种特性是人性的重要组成部分。它需要新型的领导力，以创造性的方式使易受伤害的员工有安全感。这正是领导者在目的经济要解开的谜题。

第十章　目标导向型行业——五个机遇

尽管信息经济已经为我们的社会创造了许多了不起的发明和进步，不幸的是，其副作用之一是我们在生活的许多方面失去了联系。麻省理工学院教授谢里·特克（Sherry Turkle）在她的《群体性孤独：为什么我们更依赖技术而更少依赖彼此》（*Alone Together*: *Why We Expert More from Technology and Less from Each Other*）一书中讽刺了这种现象：即使人们在社交媒体网站上花费了如此多的时间，但彼此间的联系是失真的，每个人都更加孤独了[1]。

但是，目的经济承诺着与现状不同的前景。当今的技术有潜力让我们以更真实、有意义的方式彼此联系，而不是孤立我们，而我们对这种联系的需求也与日俱增。这种技术应用的转变正在彻底改变市场和组织。当这种改变发生时，它几乎扰乱了每一个产业，为那些能够建立新的组织或通过改造现有业务以适应该变化的产业创造了商业机遇。作者在本章节中介绍了五种行业趋势，说明了如何在目的经济中创造价值，以及未来这些趋势将如何继续下去。

---

[1] Turkle, Sherry. *Alone Together: Why We Expect More from Technology and Less from Each Other*. New York: Basic, 2012. Print.

零售行业

音乐家阿曼达·帕尔默（Amanda Palmer）在她闻名遐迩的 TED 演讲中指出："古往今来，音乐家和艺术家一直是社区的一部分——作为联系者和开创者[①]。"他们在社区中扮演特殊的角色，因为他们维持生计需要与观众联系，并向其寻求帮助。这种与社区深刻的联系也造成了其容易受到伤害。如果人们不喜欢这场表演，他们就可以不用付钱，人们不必嘲笑艺术家，甚至做出更冷酷的行为。然而，艺术家也通过社区直接与粉丝建立联系。相比之下，当今的名人艺术家更趋向于躲在代理人和唱片公司的背后，这些经纪人或公司可以帮助艺术家与观众开展联系[②]。

在阿曼达因为前两周只卖出了 25000 张首张专辑而被唱片公司开除时——唱片公司认为这个数量太少——她发现了另一条前进的道路。当一位歌迷在演唱会间隙向她承认其非法下载了专辑，并给了她一张 10 美元的钞票时，这一小小的举措激发了她大胆的想法。多年来，她一直与听众保持联系，用她的音乐换取他们的支持——以沙发客和家常饭菜的形式。许多阿曼达的粉丝免费给她提供吃住，她意识到人们感到她的音乐有帮助，所以为了回报她都愿意伸出援手。在她的粉丝自愿为他自己刻录的免费专辑付款后，她在决定免费提供自己的音乐并向她的社区坦露心声，让歌迷们直接支持她。她在众筹平台 KickStart 上发起了一项筹款项目来支持她下一张专辑的制作，从 25000 粉丝中获得了将近 120 万美元的捐款——这正是从唱片公司曾认为少得可怜的粉丝中筹得的巨款。

阿曼达的故事完美地表述了人们如何在生活中寻得更多的个人领域，在这方面阿曼达做得已经很成功了。这也表明了人们希望把时间、精力和金钱

---

① Amanda Palmer. "The Art of Asking." *TED: Ideas Worth Spreading*. N.p., Mar. 2013. Web.
② "How Many Books Were Published 100 Years Ago As Compared to Today?" *Stuff Nobody Cares About*. N.p., 31 Jan. 2013. Web.

用在对于自己重要的事情上,他们在这样做的过程中获得了意义。

我们消费方式的转变不仅改变了音乐和媒体产业,也改变了我们购买从杂货到节日礼物等一切的方式。沃尔玛和之后亚马逊时代给少数人创造了巨额的利润,但却侵蚀了当地的社区、小企业和工匠的利润。从 eBay、Etsy 到 Zaarly 这样的新公司,使得小企业能够蓬勃发展,而不是让它们破产。甚至亚马逊也参与到这一"游戏"之中,让作者们能够跳过中间的出版社直接与读者建立联系。

以人为本的科技使得我们能够与传统文化重新联系起来,让我们可以按照全新的规模生产自己的产品。最有潜力的技术之一是三维打印(3D printing),它使得根据订单生产小批量、高度定制的商品成为可能,并首次实现了定制产品的规模化生产。这一技术已经让越来越多的人设计和销售满足社区需求的产品。

三维打印

1907 年,美国有 9260 本书出版。仅在百年之后的 2010 年,除了 300 万种电子书,每年有 316480 本纸制图书出版。这一变革的核心是个人计算机和印刷的兴起。1980 年之前,你必须通过手写或打字机上完成一本书,没有办法数字化地保存文字。

虽然三维打印技术还处于初期发展阶段(与 20 世纪 80 年代的点阵打印机很相似),但它有可能在制造业掀起一场类似的革命。如今,大多数家庭和办公室都同样拥有印刷机(即计算机和打印机)。在不久的将来,家庭和办公室就像拥有一个工厂——不要启动装配线就可以设计和生产定制产品。制作新玩具或工具的难度可能和烤蛋糕一样。

虽然从玩具、衣服到贺卡这类手工制作的产品,其成本往往高于批量生产的同类产品,但你知道购买它们是在支持当地的工匠。这类手工产品的制造催生了买卖双方的目的。

新的变化是,工匠们现在不仅能在自己的社区,还能在全球销售他们的产品。例如，Etsy 这一流行的网络商店，在 2015 年会员增长至 2500 万，实现了 24 亿美元的销售额。不只是为手工艺者提供了目的，它还允许买家与手工艺者互动，甚至买家会自己提供设计图纸并委托手工艺者按图纸制作产品，这样就不仅仅是简单的钱物交易，而是催生出了更有意义的交流。

人们也在寻求与食物更多的联系，美国农贸市场的惊人增长证明了这一点。每逢周日，在布鲁克林区公园坡的操场附近，农贸市场的过道挤满了寻找纽约最好的泡菜、当地的山羊奶酪、100 英里（1 英里约等于 1.6 千米）以内小农户种植的新鲜农作物的人群。虽然在这些过道中穿行比在典型的连锁杂货店中更难些，但是其受欢迎程度是不容置疑的。从小杂货店遍布的城市街区到有着大型超市的郊区，我们渴望一种与食物的有意义的联系——一种能够创建社区，与种植者相联系并治愈地球的方式。

在目的经济中，我们看到了新兴企业巧妙地绕开了传统零售渠道，这些渠道在产品加工链的几个阶段中抬高了商品的价格。由生产者直接对消费者的零售能力正在形成，变得越来越强大，任何人都可以自行决定价格出售自己商品。她可以利用比如 Good Eggs 这样的线上农贸市场平台寻找买家，并利用像杰克·多尔西（Jack Dorsey）创立的 Square 这类交易平台来收取买家的付款，Square 是一种可以将任何智能手机转变成信用卡处理器的廉价移动支付设备。

这种新型的贸易方式创造了一个有吸引力的人与人之间的市场，这种市场让人们能够支持独立的工匠，并允许他们找到自己的供应商，这反过来让他们能通过寻找自己感兴趣的产品和生产者来表达自己。技术创新提升了购物体验，从交易转变为社区和社会体验。因此，购物可以成为一种自我表达的形式，也是社会转型和个人经济发展的手段。

吉尔·埃普纳和本地活跃经济商业联盟

吉尔·埃普纳（Jill Epner）已经在希尔顿集团的办公室工作了十年。从大多数角度衡量，她都是非常成功的，但她对此并不满意，她渴望做自己喜爱的事情——制作食品。她终于下定决心，辞掉工作，开办了一家婴儿食品公司。尽管吉尔在第一次创业中犯下了各种错误，导致最终关掉了这家公司，但她仍可以毫不犹豫地说，这是她一生中最棒的决定。

在开始和结束创业的过程中，她逐渐了解了当地的企业家通过任何有意义的方式筹集资金是多么困难。她将注意力转移到帮助他人获得资本，并参与了"慢钱"运动，想办法增加那些和谷歌（Google）成长轨迹不同的本地企业的融资选择。

不久后，吉尔便发现了本地活跃经济商业联盟（BALLE），并和他们一起努力加强和支持美国各地的经济。她担任社区活动负责人一职意味着将和联盟成员们一起工作——她将商业与非营利结合得很好，正如她多年前创建的其他机构一样。尽管吉尔在当年创业的过程中感到被孤立，BALLE 帮助像她这样以价值为导向的企业家成了国家创业者社区的一部分。他们在当地经济体中找寻联络人和召集者，对他们进行培训，使得他们能够帮助社区中的上百名同行。这些企业家们都是独立经营的，往往缺乏经济支持。BALLE 通过帮助他们开展合作和寻找联合融资机会，让他们这个集体变得强大。吉尔和 BALLE 是一个很好的例子，使得不同地区，不同工种的人相互相联系起来，并帮助人们重新构想作为消费者意味着什么。

看到目的经济的崛起，大型零售商们重新思考店面的真正作用以及他们应该如何与客户互动。例如，West Elm 的总裁吉姆·布雷特（Jim Brett）正致力于把他的店面转化为社区中心。与传统的受中央控制的零售连锁店不同——从产品选择到在货架上的摆放——吉姆重新把商店经理命名为店面管理员，并赋予他们权力从当地的工匠那里购进产品，由他们根据对当地市场的了解决定货架上卖什么物品。他也要求每一个门店承办当地的活动——从艺术表演到晚宴的一切事情——为的是为社区创造机遇去谈论他们城市的未来发展。

房地产行业

在相对较短的时间内，智能手机已经成为美国中产阶级，特别是千禧世代最普遍使用的设备之一，它是最有价值的财产之一，让人们可以与彼此和世界联系。但是智能手机逐渐演变，成为不仅是用于联系的设备。它使得新的商业形式、交流形式以及资源共享成为可能。有了智能手机，当今的任何纽约人都能够只支付全部所有权的一小部分费用，在几分钟内就能找到一辆自行车或者汽车。

共享已经成为一种能让我们在生活中发现更多意义（和目的）的方式。购买大房子和昂贵轿车的钱被省下来，可以花在体验上。这也让我们以新的方式彼此联系，建立了互信互惠的关系。

共享的普及在很大程度上是为了省钱。我们处于自大萧条以来经济最糟糕时期的尾声，并且面临着高失业率和低薪资的新常态。那些背负着堆积如山的学费债务的千禧世代，几乎没有兴趣把他们的钱投到汽车上，或者从前院草坪的大小中获得满足。简单地说，他们不如婴儿潮一代那么关心获取实物财产。他们需要寻找让钱继续增值的方法。

幸运的是，共享市场已经在过去的十年中呈指数增长，汽车共享市场的领军者 Zipcar 受到了主流趋势的大力推动。Zipcar 被安飞士（Avis）租车巨头购买，证明 Zipcar 的价值不仅限于其所在的利基市场。共享业务变得有投资价值，甚至引发了人们为此建立新的风险投资基金，如纽约合作基金（New York-based Collaborative Fund）。

还有，例如爱彼迎（Airbnb）这样的新服务，允许业主发布房屋招租信息的在线服务，租赁时长可短至一晚，正在创造一个前所未有的全新市场。2014年，在该平台上的"用户们"在世界各地的城市和郊区预订了4000万个夜晚，从树屋到顶层公寓等无数种类的房产。爱彼迎的成功不仅是共享资源的经济案例，还是成功找到新的所有权以节省开销并增加有意义经历的案例。

几十年来，星巴克一直理解这种需求。它的目标是成为我们生活中的第三场所——介于工作和家之间的地方。你和社区中的其他人共享空间，可以通过购买咖啡或点心支付你的共享权，而不是支付租金。作为回报，你会有一个坐下来放松身心的地方，享受免费的无线网络和洗手间——你得到的是一个社区办公空间。星巴克在许多方面算是更广泛意义上的共享运动的开端，让我们能够舒适地和陌生人分享办公空间。

受到星巴克和移动办公技术的启发，更正式的共享办公空间随处可见。相比2008年只有40个和两年前的300个，现在已经有了800个这样的商业共享办公设施。对于共享办公空间的需求不仅仅是由于越来越多的自由职业者希望找到便宜或者免费的办公空间，也受到人们对目的的找寻的驱动。

当然，许多人都成了自由职业者，尤其是在金融危机之后的几年。但是，独立劳动力的增长早在金融危机之前就开始了，这主要是由于人们追求满意的工作，以更多地掌控自己生活条件和工作方式的欲望造成的。他们不是孤立地工作，而是选择在协作工作区办公并参与到协作项目中去。

例如，The Impact Hub在世界各地创造了空间，为了鼓励合作和支持那些寻求建立改善人类现状组织的专业人士。这些空间是开放的，旨在建立社区和激发创新，并且在爆炸性地增长。《纽约时报》最近指出，虽然越来越多的人希望能够在家独立办公，但自从阿尔文·托夫勒（Alvin Toffler）在其所撰写的《第三次浪潮》（*The Third Wave*）一书中介绍了"电子小屋"的概念以来，越来越多的在家办公者发现了这样的办公方式造成了与人群的隔离，正在寻求更多的联系和互动。

NeueHouse，一家在曼哈顿新建的"共享工作"空间，是一种私人俱乐部和开放式办公空间的混搭。它的成员们是一群目的驱动的从事各类创造性职业的人，此空间经过精心设计以刺激合作，其包括广播室、录音室和放映室。另一家叫作Grind的共享空间，将自身描述为"自由放养的人类的工作空间"。

但是，共享运动并不局限于新的模式。目前68%的美国人拥有图书馆卡，这是历史上的最高纪录。图书馆远不会因为电子书的兴起而面临泯灭，而是已经被重新利用，成了更为活跃的社区协作、公众聚会和文化活动的空间。无论是在家里、办公室还是在社区中心，作为美国人，我们正在寻找分享我们空间的新方式，为我们自身和彼此创造更多的目的和意义。

金融行业

金融行业的运作与一百年前迥然不同。摩根大通集团通过根据人们的人品和社会地位向他们提供贷款，建立了自己的金融帝国。借钱给邻居是基于关系，而不是抵押品和资产负债率。在那时，债务不能作为商品，也不是作为金融衍生品的标的证券。银行业是一种社区商业。直至20世纪中叶，金融行业就这样运作了数百年。

但是在1913年，个人债务利息可以抵扣税款带来了贷款需求的增长。数十年后，在大萧条的高峰时期，银行体系崩溃导致了联邦存款保险公司（FDIC）的成立，这使得银行业再次变得吸引人，并首次出现了被保险存款。

第二次世界大战之后，社会发生了更加戏剧性的变化。军人安置法案（GI Bill）、郊区的发展以及家用住宅所有权的承诺都增加了对银行业务和消费信贷的需求。20世纪50年代末，带来了信用评分的发展，它将消除给陌生人贷款的风险，而不用担心他们的社区地位和人品。

临近20世纪90年代时，遭遇了储蓄和贷款协会的巨大失败，全国3234家银行中有747个短短几年内就倒闭了。不到20年后，华尔街因为过度负债而倒闭，再者也是因为银行业的高度集中使得大银行们"大到不可能失败"。

虽然管理大量数据的技术和能力很大程度上导致了这种傲慢，但是这也提供了可能的解决方案。像杰夫·斯图尔特（Jeff Stewart）看到了金融业溯本归源并能实现J.P.摩根这样的先驱者的理想的机会。他认为，在线的社交网络让人们能够再次根据他们的人品和地位来借钱。在创立 Lenddo 时，他不仅看到了创造一种更可持续、更合理银行业务方式的机会，还为世界各地 20 亿 "未能得到充分银行业务的" 人们提供了服务。

个人和小企业融资的未来是社会化的。通过银行业务再次社会化和运用技术使之高效，我们不仅能够提升需求，还能够提高承销以及收款的效率和可靠性。通过让社区参与决定谁能获得贷款，这产生了一种选择偏见，因为当社区中人们贷款行为透明化后，人们会更自觉的选择自己能够负担的贷款数额。当人们的还款影响到朋友和家人借贷能力时，他们就更有可能按时还款。

Lenddo 现在的重点是向发展中国家的中产阶级提供贷款，这一人群没能获得充分的银行业务，而且生活在政府规章比较灵活的创新地区。虽然大部分贷款用美国标准衡量数额适中，但一笔 500 美元的贷款就可以决定人们是选择接受一次教育还是创立一家公司。Lenddo 如今已经在 38 个国家拥有了 400000 名成员，其贷款利率与传统贷款不相上下甚至更低。

社会贷款显著地取代了银行的部分功能。信誉将借贷双方直接联系在一起，这节省了中间商所收取的费用，为贷款市场带来了体量增长十倍的机会。社会贷款将达到新的规模，但是远不会发生华尔街式的崩溃。如果社会贷款按现行速率持续增长，消费者和小企业贷款运作模式在不久之后将更像是脸书（Facebook）而不是花旗银行，并在手机上进行交易。随着银行法的变化，我们很可能会看到金融成为社交媒体公司的核心创收来源。

教育行业

我们看到教育行业也正在发生着类似的转变。家庭教育的增长速度比传统 K-12（从幼儿园到高中教育）学校入学人数的增速快了七倍。虽然家庭教育未必是最好的解决方案，但却是教育行业正在发生转变的预兆，并且代表着教育的发展方向。

> 现代教育系统是基于制造业模式的。1899年，美国教育专员庆祝了教育行业已经被转变为"具有机器特质"的事实。他们欣喜地发现，现在的每名学生都被教导要"有秩序地做事，待在自己的地方，不要妨碍别人"。

1900年，只有6%的青少年从高中毕业，直到1918年，全国各地才开始实行义务教育。随着新生的不断拥入，学校开始发展，对教室和用于管理教室统一流程的需求也在增长。汽车让学区联系在一起，进一步加快了进程。1940年，全国的学区超过了117000个。50年之后，这个数量缩水到了15000个——几乎是1940年的数量的十分之一。人们可以更远、更快地去上班和上学，这使得一个学区可以覆盖更多的范围。

截至20世纪末，拥有大学本科文凭的青少年占比激增到85%，实现了更多学生受良好教育的目标[1]。这是以学校转变为规模和效率最优化的工厂为代价的。我的孩子们就读的布鲁克林区小学有10个幼儿班，10个一年级班，10个二年级班等。教师们是了不起的，而系统和规模是需要不断克服的阻碍。当使用大数据评估学校可行时，这一事实在信息经济中变得更加尖锐。随着"不让一个孩子落伍"法案和之后"力争上游"教改计划的推行，教师们承受着更大的来自教育系统的压力——也就是在服从现在教育体制和教育商品化方面的压力。

孩子们在"工厂"里迷失了。庞大的学校系统在规模和效率方面已经做得非常出色，但却失去了提供给孩子个人服务的能力。也就是说，我们为了扩大教育系统的规模，牺牲了质量来追求数量，学校像银行一样依靠数据，而不是信任。那些决定把孩子们从学校里拽出来，在家里教他们的家长们，就是因为受够了这样的学校。他们想为孩子们创造一种严格而个性化的教育体验，考虑到私立学校的成本，他们自己来教孩子是唯一可行的选择。

幸运的是，新的平台和技术使得家庭教育在很多方面变得可控。家长们

---

[1] "The History of Education in America." *Chesapeake College*. N.p., n.d. Web. <http://www.chesapeake.edu/Library/EDU_101/eduhist_20thC.asp>.

可以在网上获取一流的课程，也可以向其他相同情况的家长们寻求支持。最好的一点是，他们可以完全根据孩子的学习风格和兴趣来定制体验，并给予他们在教室里永远无法得到的关注。结果非常惊人。接受家庭教育的孩子中，有25%比接受传统教育的同龄人至少领先了一个年级。在学业成绩测试中，受家庭教育的孩子们整体得分高得异常[1]。这一转变可能是对教育行业未来的最好预见——大规模定制与个体关注并重。如同银行业一样，教育行业将回到基于人际关系和个人需求的"以人为本"的模式，这也将是未来几十年内将发生的经济和劳动力市场变革核心所在。

我曾经很幸运地在密歇根州安娜堡市的一家社区中学就读。与安娜堡市其他两所坐落在居民区、有数千名学生的高中不同，我所上的社区高中很小（我就读的时候有300名学生），且融入了市中心。这所学校包含体验式学习和学徒制。例如，学生们每做一个小时以学习为目的的工作，就能得到半个小时的课堂学分。我在16岁的时候所做的人生中第一笔生意——棒球卡经销，为我获得了一部分高中学分。学生们也可以通过招募自己社区里的教师，来学习学校里无法获取的课程并获得学分。这所学校的办学方式，让学生成为社区的一部分，而不是孤立地在教室里学习。

这并不是一种创新的模式，一直到前不久，人们还主要通过学徒制和体验来学习。然而，由于学校按照效益来评级，因为学校无法使它们做到高效，这些做法正在消失。但这一现象也正在改变。这其中一部分的原因是对学徒制和体验式学习方式的欣赏更多了，但更多的是因为大学入学竞赛。仅在高中获得良好成绩已经不足以进入一所好大学。好大学需要学生参与一系列强度大难度高的课外活动中去。从工作、志愿活动到国际旅行。这样的现实改变了许多城市的高中，并迫使它们在社区中为自己的学生创造更多的机会。

正如课外活动是进入大学的必要条件一样，如今大学毕业想找到一份好工作需要的远远多于4.0的平均成绩。事实上，谷歌近日宣布，平均绩点甚

---

[1] "HSLDA | Home Schooling Works!—The Scholastic Achievement and Demographic Characteristics of Home School Students in 1998." *HSLDA*. N.p., 1999. Web.

至与是否能被他们成功聘用毫无关联。除了在学校学习，更多的大学生同时也在出国交换、实习和做志愿服务。他们发现这一切不仅是在毕业找工作时所需要的，还是他们获得其渴望的教育和自我意识所必需的。

克丽丝蒂·蒂姆斯（Kristy Timms），一名帮助我写这本书的实习生，就是这种变化的一个很好的例子。她几乎完全是基于课外学习的能力选择了她的大学。她进入纽约城市大学的麦考利荣誉学院（CUNY's Macaulay Honors College）是因为该学院致力于支持学生们在课外学习，而且位于机会丰富的纽约市。

克丽丝蒂热爱课堂学习，但尽管麦考利荣誉学院能够为学生打下良好的理论基础，她发现课堂学习缺乏将所学知识应用到现实世界中的方法。通过结合课堂学习与实习，她能够得到完整的教育，麦考利鼓励并支持这种做法。克丽丝蒂调查过的其他大学，特别是那些以校园为中心的大学，根本无法在这方面与麦考利竞争。她现在已经完成了不同领域的实习，能找准自己的兴趣并在感兴趣的学术领域深入学习。通过实习，她接触到了一些论题，虽然之前没有注意，但迷住了她并影响了她在下学期所选择的课程。

通过在不同领域、不同岗位和不同规模的机构工作，克丽丝蒂有着在她这个年龄令人难以置信的自我意识。当她毕业的时候，她不仅会拥有一份令人印象深刻的简历，她的成熟和自信也会让她成为所在人群中最优秀的人。也许最重要的是，她从最开始就意识到了生活就是一场旅行，一生中可以在许多地方和环境中工作，并从中找到深刻的意义。

医疗保健行业

另一个正在进行彻底转变的行业是医疗保健行业，过去的100年里，该行业也在很大程度上着眼于扩大规模和提高效率。从中世纪开始，药店就到处都是，但是直到20世纪20年代，胰岛素和青霉素被发明出来后，药品的大规模生产才开始。在20世纪50年代，该行业才真正地起步，然后在20世纪70年代蓬勃起来，当时对于制药公司的专利保护更加普遍，这让它们看到了与药品上市相关的大量研发费用的回报。

在第二次世界大战之后的近几十年里，医疗保险行业才登上舞台。医疗保健由一种人们各自担负医疗费用的模式，演变成了一种保险公司通过每年收取人们的保费并承担一定限额以上的医疗费用的模式。而此模式使得医疗保险公司在医疗保健行业拥有很大的权力规模和效率再次成了当时的目标，医学专家们，就像教师和银行家一样，也开始从个人成果导向型模式转向至指标导向型模式。

我和我的妻子同在一家医疗机构One Medical Group就医，一家位于旧金山的初创公司。它所提供的服务水平，坦率来说是我之前从未在医生办公室体验过的。那里没有等待的时间，可以进行线上预约，医生们给出自己的邮箱地址，也不会把你赶出门。你会感觉自己是那天唯一要看的患者。这家医疗机构希望重新变回一种以医患关系为优先的模式。通过技术手段，医生们能够腾出更多的时间来关注患者，患者甚至可以通过邮件和医生交流日常问题。在大多数医疗机构一名医生每天平均看25位到30位患者；而在One Medical Group，一名医生每天约看15位患者。

但是，医疗的未来将会有更大的进步。20世纪60年代早期，40%医生和患者的沟通是通过家庭电话的。到20世纪80年代，这个比例已经不到1%。在25年内，通过家庭电话的医患沟通可能会再次成为常态，但方式却截然不同。Kaiser Permanente是一个为900万美国人提供医疗保健服务的机构。就像One Medical Group那样，他们正在努力运用科技减少医生需处理的繁复的文书工作。他们的愿景是更进一步，利用技术来让医生重新走入患者的家中。他们的目标是让所有患者都能期待得到安全的家庭护理。他们正在努力，让远程医疗救助和家用显示器成为新规范。医疗保健将再次以患者为中心。

以患者为中心的目标与医学界更加重视预防保健的转变相结合。预防保健不仅被视为一种挽救生命的方式，还可以有助于避免与慢性病相关的花销。人们越来越清楚地知道，预防某人患上糖尿病或心脏病的花销是低于治疗的。不像现代医学那样，人们在任何问题上都倾向于使用药物和程序，预防医疗在本质上是社会性的。这需要在人们生活工作的情景下理解人们并与之合作。换句话说，预防医疗侧重于与患者的关系。

你的组织的目的模式是什么？

拥有一个强大和量身定制的组织目的是重要的，但是我们的研究表明组织应该拥有一个核心的目的的模式。这样就可以成为具有一致性的描述和践行目的的根基。当组织中的雇员相信其目的模式时，他们会有更高水平的成就感、忠心、品牌推崇和对领袖的信任。

在随后的几页里你将会选择目的驱动因素，它们能最好地反映出你对所在组织的目的模式的理念。你也可以在你的团队或是整个组织中进行这样的操练从而来决定你们正式的目的模式，并且可以看看如今和你的理念是否一致。你的沟通交流、关键业绩指标和产品／服务设计都需要与你所服务的人，与你如何提供服务及你为什么要去服务保持一致。以下几页的例子是演示说明性的而不是必须遵循的。至今还没有研究来评估任何组织自己特定的目的驱动因素对社会的影响。

组织主要为谁服务？

每一个成功的组织都会对个体、组织和社会产生影响，然而要想拥有一个强大的目的你需要从三者中选出一个来提升你的核心影响力。

以下是三种影响力提升以及有可能重点关注三种影响力之一的组织范例。

A. 社会

我们最大的贡献就是对社会的影响。

> 把拥抱"社会"作为你的目的意味着你的组织会以给世界带来改变为己任。短期和中期的目标都会很清楚地以给社会带来影响来规划。

B. 组织

我们最大的贡献是我们对组织的影响力。

> 把拥抱"组织"作为你的目的意味着你的组织会以帮助特定的团队和小组发现新层次的成功为己任。拥抱和适应与你合作的组织的生态体系是持续关注和激发动力的关键。

C. 个体

我们最大的贡献是我们对个体的影响力。

> 把拥抱"个体"作为你的目的意味着你的组织会以个体从你的工作中获得怎样的利益为己任。组织会去衡量你的工作如何影响个体并且在组织的内外述说他们的故事。他们是你的老板。

组织为什么会提供这样的主要服务？

每一个成功的组织都要在雄心勃勃地向前发展（缘由）和退一步确保环境公平公正（和谐）中努力找到平衡，然而把重点放在其中的一个上面是保持持续成功的关键。

以下是两个核心动力，它们伴随着那些很可能将其中一个作为主要目标的组织。

A. 和谐

我们的工作对于保证为每一个人营造一个公平的竞争环境是必不可少的。

> 把拥抱"和谐"作为你的目的意味着你的目的宣言会聚焦于：为了帮助人们走向繁荣昌盛，你会致力于解决不平衡和营造一个更为公正的环境。

B. 缘由

我们的工作对于移去那些阻挡人们实现其潜能的障碍是必不可少的。

> 把拥抱"缘由"作为你的目的意味着你的目的宣言会聚焦于：创造机遇和帮助人们向前发展并取得最大成就。

你的组织主要是如何服务的？

公司需要不断地做出各种决定以持续地创造价值。你创造价值的方式关乎于一个关键的决策体系，通过此体系你可以持续地做出正确决策以使得你的组织有可持续的高绩效。

以下是公司规划他们如何创造价值的四个主要的途径（共同体、人、知识、结构）。

A. 共同体

我们的核心能力是创建共同体和联系。

> 把拥抱"共同体"作为你的目的意味着你会致力于将共同体成员联系起来建立他们的参与度与归属感。你的组织会优先考虑到联系并且通过灵活运用利益相关者之间的联系创造价值。

B. 人

我们最大的贡献就是我们对组织的影响。

把拥抱"人"作为你的目的意味着你对组织的描述会建立在特定的团队或小组如何因为你的工作而能获得新水平的成功。融入和参与建设与你合作的组织的生态体系是持续关注和激发动力的关键。

C. 知识

我们最大的贡献就是我们对个体的影响。

把拥抱"知识"作为你的目的意味着你会致力于揭示新信息，使人有更深的洞察力。你的组织会优先考虑追寻更深的真相并通过不断地把涌出来的想法付诸实施而创造价值。

D. 结构

我们的核心能力是建立能够持续地创造显著成果的体系。

把拥抱"结构"作为你的目的意味着开发能够持续保持卓越的体系和工具。你的组织会优先考虑你所做的工作的效力和可靠性，不断构建更为高效的体系和流程而创造价值。

第四部分

社会目的——走向市场

在目的
经济中
催化市场
当地食品
共享工作
空间
剧院
COMMUNITY
THEATRE
习俗设计
有机食品
公共交通
绿色空间
在目的经济中有许多令人激动的市场。

你可以
成为催化剂
在目的经济中，你可以在市场中工作，引领市场，催化市场，从而创造历史。

选择市场

你想催化什么市场?

- ☐ 有机食品
- ☐ 设计
- ☐ 看护
- ☐ 老人养护
- ☐ 烹饪学习
- ☐ 健康教育
- ☐ 绿色环保建筑设计认证
- ☐ 共享艺术空间
- ☐ 护理
- ☐ 理工教育
- ☐ 共享汽车
- ☐ 水消费
- ☐ 个人出版
- ☐ 可替代燃料
- ☐ 大众外包
- ☐ 教育玩具
- ☐ 小企业支持
- ☐ 社会责任投资

5个方法

请看催生目的经济市场的五个超人

政策
改变游戏规则

颠覆性技术
使不可能变为可能

创意
告诉我们何为可能

公众认知
改变观念和行为

研究和数据
揭示真相

政策
政府或公司的什么政策可以用来激励和带来变化？
颠覆性技术
从软件到医药，技术上的进步如何重新定义可能性？
创意
PET GALAXY
AISLE 6
GRANNY'S DOG TREATS #1
GRANNY'S HOMEMADE DOG TREATS
可以想出什么服务，并用一个新的方法给市场带来巨大改变？

公众认知

什么能够吸引公众和促使行为的产生?

每日时报
城市兴起健身热潮

研究和数据

什么数据或是洞见能够揭示市场新的增长点?

是时候组建团队并创造历史奇迹了!

第十一章　市场推动者

第一部分介绍了目的经济的根基，即何为目的经济，它是如何改变我们生活方式的。第二部分讲述了目的性在事业中的作用——帮助我们明白工作中目的本质及其重要性。第三部分讲述在目的经济中，组织机构是如何改变的，它们是如何运营和成长的。现在我们要提出一个重磅级问题：在这种新型经济中当今的领导者是如何推动市场的？

目的经济远非是仅关乎盈利的事，它也关乎对于我们生存的这个世界以及所服务的人群带来有意义的影响。目前最大的商业挑战并非如何建造一个成功的组织，而是如何建立以人为本的市场模式。众所周知，世界对此有巨大的需求，我们却无能为力，这令人心碎。但同时也激发了我们的进取心和创造力，可以把这些需求缺口看作商机。也正是这种全人类和整个地球所需的给予，为我们的创业以及旧的商业模式的转变注入了无限动力。

如今我们所面临的机遇和挑战是前所未有的，甚至是规模空前的。气候变化等问题已开始影响到我们的生活方式，这都是给我们的挑战。尽管我们经常能找到方法去解决特定社区与特定人群的需求。系统性地解决问题却总是不容易的。但我们不能在对这些亟待解决的棘手问题一拖再拖了。如果我们不去解决，那么谁来解决呢？如果现在不去解决，那么要等到何时呢？

我认为经济中的新的市场机遇就在社交挑战以及对自我表达和社区融入感的需求中。如同数据存储和软件开发共同构成了信息经济市场的一部分，可持续能源和资源共享是目的经济市场中正在兴起的两个部分。把这些都看作市场的组成部分,我们就可以找到更强大更有力的方法来创造更大的价值,从而可以帮助人们和我们赖以生存的这个星球。通过运用经济学和投资的知识,我们可以吸引更多的人力和金融资本来构建并发展目的经济市场。

我在这一部分所列出的框架是基于对半个多世纪以来的社会科学和经济学研究,也是总结了这个时代的一些最成功的企业家的智慧和洞见。我深信这能帮助我们解决一些最令人头痛的社会问题。这不仅能为我们建造成功的组织扫清道路而且能够带来系统性的改变。这样一个周全的逐步的指南能使我们清楚明白:作为一个投资者、学者、雇员或者仅仅作为选举人,如何能够增加影响力。这并不属于任何一个行业,它是超越组织结构的。

电动车与创新扩散理论

埃隆·马斯克(Elon Musk)是Paypal网上支付、美国太空探索技术公司(SpaceX)以及特斯拉汽车(Telsa Motors)的创始人。他成功地建立了许多公司,但更为重要的是他成为推动市场的人。埃隆·马斯克从一开始就有一个意向:要建立一个电动车市场,先从豪华轿车开始然后逐步推广到中低消费者领域。这是一个相当明确且与众不同的意向:这不仅仅是生产漂亮精美的电动车,还要创造出一种商业环境使这种产品能够获得成功。与乔布斯(Steve Jobs)一样,埃隆·马斯克在为自己的产品营造合适市场的同时,不断地推出新的产品设计和服务。

埃隆·马斯克的意向与科学家们已经知晓半个多世纪的原理是一致的:创新是随着时间并通过社交而传播。创新扩散理论是1962年由社会学家埃弗雷特·罗杰斯(Everett Rogers)提出,他为我们解释了新观念和新技术是通过何种方式,以何种理由以及以怎样的速度传播到大众中去。作为一名年轻的研究生,埃弗雷特·罗杰斯正在对当时最热门的创新之一进行研究——杂交玉米种子。特别是他想知道为何一些农民要用这种改良技术,而其他的农民却不用。正如托马斯·爱迪生在 1926 年写给通用汽车的执行总裁的信中所言："要人们普遍地去接受一个业已解决的问题要花费七年之久。"埃弗雷特·罗杰斯想弄明白事情为何会是这样。

我个人是通过阅读杰弗里·摩尔（Geoffrey Moore）的书《跨越鸿沟》(Crossing the Chasm)① 关注到创新扩散理论。在 20 世纪末我在硅谷做产品管理工作时，它是那个时代技术市场营销的圣经。它为每个阶段的销售如何定位合适的人群提供了一个模型。这一理论使你对人们对于新技术的接受速度有一个现实的期待，也教导你在市场发展的每一个阶段如何去传递信息。它给出一个模型，也是个很好的销售策略，就是：如何赢得一组人作为一个基地市场，然后去赢得另一组人的加入。也就是利用现有的顾客带来的人际传播效应，从而去赢得更多的未来顾客。本书重点谈到了一项新技术在得到市场广泛接受之前最难的一步：如何从早期为数不多的使用者发展到早期众多跟进者，这是技术得到认可的关键点。

第一波用户，被称为创新者，是一组愿意积极地接受风险和迎接新挑战的人。风险（和它所带来的回报）构成了他们选择参与背后的主要驱动力。他们是第一批愿意尝试使用新技术的人。他们大多数人都很年轻，财政上充裕并且十分喜欢社交，并且实时关注新兴的研究和数据。通常，他们与其他创新者联系紧密。他们也通常有足够的资金和人脉，来承受新科技没有达到预期效果所带来的损失。

埃隆·马斯克就是这样的创新者中的一员。他明白如何让这样一小群创新开拓者去支持电动车的开发与推广。他需要设计出一款车使得那些在硅谷工作的年轻专业人士相信：这款车是他们身份地位的象征。他知道他的顾客无论在专业技术上还是在社交上都占有很大优势。他知道他们会如何去买车，如何去和别人讨论他们的车。他需要一款豪华车来配得上在硅谷工作的精英的身份与地位。然而，同样重要的是，他需要找到一个办法去解决这款电动车极其昂贵的电池技术。仅仅一辆电动车的电池成本就比市场上入门级

---

① Moore, Geoffrey A. *Crossing the Chasm: Marketing and Selling High-Tech Products to Mainstream Customers*. New York: Harper Business, 1999. Print.

别的豪华车贵两倍多。仅仅因为这个缘故，特斯拉汽车就不得不把焦点放在高端市场。

埃弗雷特·罗杰斯发现对于任何类型的创造来说，都有五种类型的人对其传播起到了关键性作用。这五种类型的人代表着接受创新的意愿程度（图11.1），在埃弗雷特·罗杰斯经典的"接受曲线"得以体现。

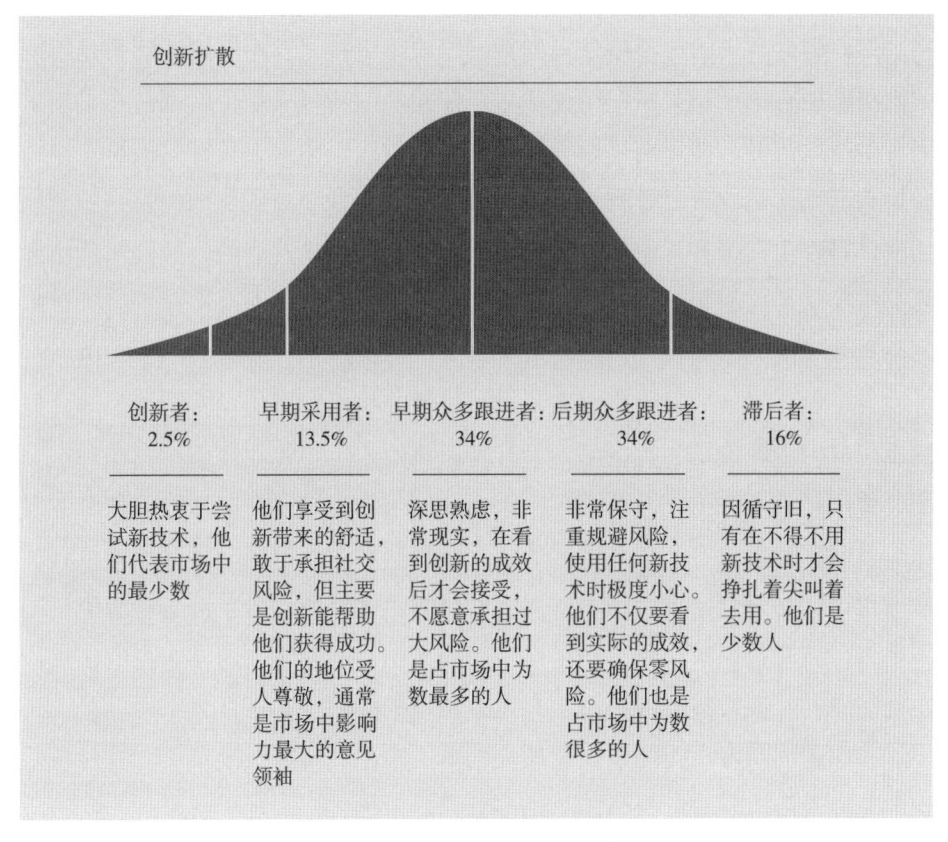

创新扩散

创新者：2.5%	早期采用者：13.5%	早期众多跟进者：34%	后期众多跟进者：34%	滞后者：16%
大胆热衷于尝试新技术，他们代表市场中的最少数	他们享受到创新带来的舒适，敢于承担社交风险，但主要是创新能帮助他们获得成功。他们的地位受人尊敬，通常是市场中影响力最大的意见领袖	深思熟虑，非常现实，在看到创新的成效后才会接受，不愿意承担过大风险。他们是占市场中为数最多的人	非常保守，注重规避风险，使用任何新技术时极度小心。他们不仅要看到实际的成效，还要确保零风险。他们也是占市场中为数很多的人	因循守旧，只有在不得不用新技术时才会挣扎着尖叫着去用。他们是少数人

图11.1　五种创新意愿程度

来源：《创新的扩散》（第五版）（*Diffusion of Innovations*, fifth Edition）Copyright©2003 by The Free Press. 在得到 The Free Press 的许可后，印于此处。The Free Press 是西蒙与舒斯特旗下的出版社。

早期特斯拉汽车是为谷歌或是苹果执行董事这样级别的高端人群设计制造的。苹果总部的特斯拉汽车比特斯拉车展上的车都多。早期的购买者并没有对价格那样敏感，他们所看重的是特斯拉的优质售后服务与车本身的高性能设计。特斯拉汽车发现了这第一批创新者顾客,以它独到的销售及其优质售后服务赢得了这批顾客的青睐。比如说,特斯拉汽车明白它的顾客都非常忙,它为顾客提供专业技术服务人员上门维修保养(通过预约),而不是让顾客必须去车场保养维修。在他们的 S 款车投入市场五年后,特斯拉就开始盈利并且 S 款荣登最畅销的豪华车第三名,排名紧跟在奔驰 E 款以及宝马 5 系列之后。

然而催生市场的并不是只有创新者。埃弗雷特·罗杰斯逐渐明白是不同的人群所拥有的社交关系使得创新得以传播。创新者只是帮助创新在早期采用者中得以传播,而早期采用者则是创新扩散过程中最为关键的人群。早期采用者都很富裕,有良好教育背景,他们渴望有社会声望。他们是众所周知的"只看不买"顾客,他们必须要确保在上路前车是安全的,他们对创新产品的接受使得该创新继续向早期众多跟进者扩散。而早期众多跟进者的数量高于其他任何类型的人数,此类用户接受与否决定了一项创新是否成功。

当全世界的早期采用者看到苹果和谷歌的执行董事们开着特斯拉时,他们也想成为当地或是同行中第一个开特斯拉的人。不管他们是否意识到这一点,他们把开特斯拉汽车看作是一种社会优越感,也是他们个人身份的界定。目前,特斯拉汽车在全世界的富人区都有展厅,已经走出了加州,其扩散过程也已越过创新者而到达了接受曲线的另一区域。为了进一步吸引早期采用者,特斯拉汽车建立了一个汽车超级充电器的网络,这样车主们在进行东西海岸的长途跋涉时就不用担心电池没电的问题了。更具吸引力的是:对于这些比起创新者更为注重规避风险的车主来说,特斯拉汽车负责支付各站点的充电费用。

然而,特斯拉还不满足。下一个它想得到的就是早期众多跟进者——他们可以使特斯拉汽车公司从生产特定汽车产品的生产商转变为一个全球的汽车巨头。与早期采用者相比,早期众多跟进者是实际的,不太富裕而且更为保守不愿承担任何风险。尽管他们会从早期采用者那里寻求一些指导,他们通常会考虑实际的问题,这使得他们很难去接受变化。特斯拉没打算能成功地把目前的产品销售给早期众多跟进者。目前产品的价位太高而且并不实用。电池的续航能力还太低，充电站点主要局限于早期采用者集中所在的地方，比如加州和华盛顿特区到波士顿这一带地方。

马斯克认为如果要赢得早期众多跟进者，他需要对电动车市场进行投资，而且不仅仅是只对他的汽车投资。如果仅靠销售汽车，特斯拉无法取得成功。他需要促进整个电动车市场的成长。他需要帮助他的竞争对手克服行业壁垒，这样他们能够与竞争者联手促使用户偏好从燃油汽车到电动车的转变。为了这一目的，特斯拉现在向竞争对手销售他们的动力传动组件，这是他们的专利产品。与其说他们关心竞争者占有他们的市场份额，不如说他们更在乎建立电动车市场以及由此带来规模效应，从而使电动车价格下降，成为普通人购买汽车时的可行选择。

通过先销售豪华车，马斯克和他在特斯拉团队实际上加速了该市场技术方面的发展。特斯拉的成功为电动车带来了希望，而且促进了研发方面的投资。马斯克最初的顾客大多数都在硅谷，很多都在做风险投资，最终他们很容易在电池以及可再生能源方面增加投资。

然而，马斯克最初的经营规模为他带来了更多的用户并使他有能力开展研发以降低价格，但不足以吸引后期众多跟进者或滞后者。这些更注重规避风险的人需要在他们的周围有充电站点，最终成为用户的原因是感觉到开电动车比开燃油车更便利。对于滞后者——是所有人中不愿承担任何风险的——若要他们也去买电动车，可能需要有政策上的倾斜或他们找不到加油站给他们的旧汽车加油。但是，如果马斯克的"为技术精英阶层所设计生产的豪华车"策略奏效的话，最终会使马斯克把电动小轿车和小型货车销售给俄亥俄州的家庭。

这听起来合情合理，甚至显而易见，但大多数企业家（特别是希望解决社会问题的那些）不会遵从这样一个模式。他们只能看到那些摆在眼前的东西，领会不到建立一个市场远远比推销一个产品或服务要重要。更糟糕的是，他们无法一次集中专注到接受曲线的一个区域，更无法找对这个区域。但是创新扩散理论最终解释了杂交玉米种子是如何得到人们接纳的，它也解释了为什么首先进入电动车市场的是埃隆·马斯克推出的豪华车，还有一些社会变化诸如持续性发展等，包括我所从事的志愿者服务。基于这个理论，市场推动者得以凭借直觉和严格的约束建立市场。

可持续产品市场需跨越鸿沟

不久前，可持续消费产品市场几乎是运行在社会的边缘。早期，市场是由极少数人所推动的——创新者经营一些健康食品店或者在这些商店购物。这些店充满了维生素的味道，货架上摆放的有机食品看上去也不新鲜。要进这些店去购物实在需要勇气和决心。

直到20世纪80年代，一部分有远见的创业者创办了像美体小铺（The Body Shop）、全食超市（Whole Foods Market）和Ben & Jerry's这些品牌，这使得早期采用者进入了市场（作为购买者）。与早期可持续食品运动不同的是，这些新品牌能够获得成功主要是他们的产品吸引和赢得了早期采用者，这些人关心健康和持续性发展，他们想要的产品一定要有功效并能给他们带来满足感。

这些公司提供了非常好的产品，但是价格高昂。对于早期采用者来说，这是可以接受的。我们要记得早期采用者更富有，非常注重形象。他们就是我们在全食超市的走廊里看到的那些人（有人叫它"全额薪水"，即价格高昂以至于在其消费会花费掉大部分薪水）。

截至2014年，全食超市有440家店，营销2600种天然与有机产品。他们的销售额超出140亿美元，雇佣员工将近8.5万人[1]。他们在健康食品经营这一行一路走下来很不容易[2]。

但是，即使拥有440家店面，全食超市只拥有很小的市场份额。在美国共有38015个超市，每年销售额为6380亿美元。这意味着大约100家超市中会有一家全食超市的连锁店，收入仅占市场份额的2%。

---

[1] "Whole Foods Market" *Whole Foods Market*. N.p., n.d. Web.
[2] 82nd Annual Report of the Grocery Industry Progressivegrocer.com. April 2015. Web.

第十一章　市场推动者

然而，全食超市的影响力要超出你的想象。与特斯拉相似，尽管所占的市场份额很小，它却改变了整个市场，并且开始影响和赢得了早期众多跟进者。它已经培养了早期采用者并且使他们成为使用健康食品时尚的带头人，他们的带头作用引起了早期众多跟进者的注意。到 2014 年，据报道 63% 的美国人买过有机食品，40% 的人计划在未来一年增加购买有机食品的数量[1]。早期众多跟进者已经进入了健康食品市场，但是他们的需要与创新者和早期采用者这些顾客有所不同。他们需要较低的成本并且更便利地买到可持续的、健康的食品。

在此，全食超市又带来了巨大的影响力。通过把食品卖给早期采用者，它创造出足够的需求来支持几百家供应商的生存与发展。在全食超市崛起之前许多可持续的有机的食品生产基地没有一个零售渠道去营销，所以它们无法生存下来。许多当地的家庭农场或生产包装食品的小型商家都无法长久经营下去。全食超市为这些商家的产品销售带来了生机并且激励更多人建立类似的生产基地。一旦有了稳定的收入，这些商家就可以更有底气地跟其他食品零售商协议供货。

为了抢占新兴市场份额，越来越多的大型连锁超市现在都销售有机食品。截至 2014 年，大型超市销售了 75% 的有机食品[2]。与十年前相比这是巨大飞跃，但是在大多数超市中，有机食品的可选择性还是很受局限。这对于早期众多跟进者来说是一个障碍，他们说尽管愿意去买更多的有机食品，他们却无法从自己购物的超市中买到[3]。

大型连锁超市转而销售基地生产的可持续性的产品这一决定的缘由存在争议。在大多数情况下，即使最大的零售商愿意销售更优质的产品，他们也无法找到供应商来满足他们数量上的要求。大多数有机食品超市的供应商都无法满足数百万的购买者的需求。

在全食超市以及它的同行所培育起来的供应商中，有一些品牌得以快速

---

[1] "Organic Market Overview." USDA.gov. N.p., n.d. Web.
[2] "U.S. Organic Industry Review 2011." *Organic Trade Organization*. N.p., 2011. Web.
[3] "Honest Tea–Refreshingly Honest." *Honest Tea*. N.p., n.d. Web.

发展并能进入主流市场，它们跨越鸿沟进入早期众多跟进者市场，他们得以进行规模生产从而满足大的零售商的需求。塞恩·戈德曼所创立的诚实茶公司（Honest Tea）就是做出这种飞跃的早期产品的一个成功例子。

诚实茶公司成立于1998年，目的是给市场提供更健康的（后来提供有机的）冰茶产品。它最初是通过Fresh Shields进行销售，后来为全食超市提供货源。他们为全食超市提供的第一批货数量是15000瓶[①]。这个产品很快畅销，通过全食超市进行的营销非常成功。这引起了可口可乐这个饮料巨头的关注，它在2008年对这家公司注入一大笔投资以帮助它进入更大的市场。2009年，传言说诚实茶成了奥巴马总统所喜爱的饮品，在白宫很受欢迎，这家公司举世闻名。

然而，2011年，诚实茶公司发现他们面临一个窘局，那就是如何管理产品的分配和生产，从而满足主要零售商的需求，同时使他们的产品被大多数美国人所接受。达成这一目标需要进行脱胎换骨的改革。在改革后的公司，市场营销、产品的经销分配和生产将成为其核心能力，生产美味的冰茶相比起这些就不算难了。同年，可口可乐收购了诚实茶公司，这使得诚实茶这个品牌可以利用可口可乐现有体系进行市场营销，扩大生产和分销产品。全食超市就这样培育了一个产品，它跨越鸿沟进入大众消费领域。

这样的一个故事就说明了可持续性和健康食品在接受曲线上的扩散状况。50多年来，供应商从满足创新者需求的健康食品专卖店到全食超市的热销货架，至今发展到由可口可乐公司来销售他们的产品，这是多大的一个飞跃呀！

越来越多的公司会效仿诚实茶公司，它们会通过与其他大的平台合作去分销它们的产品，从而使产品进入大众市场。在这些平台中也有一些为了满足市场需求而开始去开发自己的新产品。然而，仍然有一些消费者和公司由于没有进一步的动机和设施，不愿意尝试购买或生产健康食品。他们就属于后期众多跟进者和滞后者。

---

① "The Sustainability Consortium." *The Sustainability Consortium*. N.p., n.d. Web.

第十一章 市场推动者

十几年来,我的妻子,卡拉·赫斯特(Kara Hurst)一直致力于向人们宣讲市场中后期众多跟进者的需求。在她2014年担任亚马逊可持续发展全球负责人之前,2012年她受聘成为可持续发展联盟(The Sustainability Consortium)的执行总裁,这个组织致力于把科学数据与产业创新用于可持续产品的生产,并且使这些产品进入市场。他们致力于通过降低风险和增加规模效应使可持续性产品能够被早期众多跟进者所接受。

可持续发展联盟有100多个成员——大约75个全球公司,15家社会组织和10个大学——确实是全球性的。立足于三大洲,可持续发展联盟以有凝聚力的、有效的方式去理解可持续产品所带来的社会和环境影响以及改进可持续产品的机遇[①]。他们能全面地看待产品——产品的整个"生命周期"——从设计到材料、生产到制造、运输、销售、消费者使用和最后的废物处理。他们也考虑社会问题,包括劳动力等。可持续发展联盟为主要的零售商提供支持,像沃尔玛(Walmart)、特易购(Tesco)、马莎(Marks & Spencer)、阿霍德集团(Ahold),还有其他的零售商,让他们与供应商合作来使消费者可以得到更多的可持续性产品。他们正在建设基础设施去支持可持续产品的大规模发展。

可持续发展联盟对市场的推动力量是巨大的——他们一共聘用了超过5700万人,他们的收入合在一起共有15000亿美元[②]。他们最终的目标是通过产品标签或是二维码把信息直接传递给消费者,这一点很像目前许多超市中要求必须有的营养成分标签。在不远的将来,当你买一件T恤衫,干洗衣服或买酒时,消费者要比现在更了解自己所买的东西,而且是以一种更加正式和标准化的方式知道这些信息。尽管可持续产品市场目前正在跨越鸿沟去赢得更多不愿承担任何风险的人群,但若要真正赢得最难征服的滞后者人群,他们还有许多工作要去完成。

---

① "The Sustainability Consortium." *The Sustainability Consortium*. N.p., n.d. Web.
② "City Year: Give a Year. Change the World." *City Year*. N.p., n.d. Web.

使接受曲线生效：像马斯克和麦基（Mackey）那样思考

经营全食超市的约翰·麦基（John Marckey）或是经营特斯拉的埃隆·马斯克不可能把创新扩散曲线画在办公室的墙壁上来指导他们的工作。他们可能是在某一点上碰巧与其重合，但更大的可能是他们的这些举措都是出于直觉。他们就是这样思考的。

迈克尔·布朗（Michael Brown）和艾伦·卡哲（Alan Khazei）是波士顿 City Year 的创建者，他们开发了一个模型是关于如何有目的地操作接受曲线并把它投入实践。他们不仅使每个人都可以身体力行，而且还做出一个需要大家通力合作而不是企业家单枪匹马就可以完成的模型。这使得接受曲线更易为人接受。

对迈克尔和艾伦来说，服务就是他们想推动的市场。他们的目标就是：将来有一天，所有的美国人在一生中都能有一年的时间为他们所在的社区提供服务。尽管现在大多数美国人还远远无法做到这一点，这个组织所取得的成就确实惊人。他们从波士顿的一家很小的非营利项目发展到 2012 年有 8 万美国人参与的联邦美国志愿者队（AmeriCorps）项目。他们的志愿者中有一部分人参与了为美国而教的志愿服务。如果没有 City Year，就不会有美国志愿者队或是为美国而教这些机构。

迈克尔和艾伦把他们的模型描述为"行动坦克"（action tank）。就如他们所给我做出的解释："思想坦克"只说不做。对于社会上的特定问题，我们需要"行动坦克"来专门对付它们。特斯拉就是一个"行动坦克"。全食超市也是一个"行动坦克"。在 City Year 中所使用的理念很简单：定义你的受众，制定使他们接受你所倡导的创新理念的目标，找出达成这些目标过程中会遇到的障碍，最后除去这些障碍 [①] 。

[①] "Vegetarianism in America." *Vegetarian Times*. N.p., 18 Dec. 2013. Web.

对于 City Year 来说，受众并不是做这种服务的人。他们也不是市场接受这种服务的障碍。这家组织所面临的挑战是钱的问题。对于一些人来说，如果要去做一年的志愿者服务，需要组织能支付他们补贴来满足其基本开支，和平队（Peace Corps）就是这么做的。参与者需要每年大约 1200 美元来支付住宿和食品的开支，也需要参加培训和接受管理，这又需要一笔开支。这个组织的愿景是：这个项目需要与和平队相似的一个模型，它需要政府来资助。

City Year 的受众是政治家。他们是需要对这个愿景提供资助的。迈克尔和艾伦明白：他们需要说服这些政治精英中的创新者来支持这个项目，但是如果要赢得早期采用者和早期众多跟进者，除说服政治家之外，还需要说服更多的人。他们需要政治家先体验它并且看到它带来的力量。

因此，尽管他们有一个伟大的愿景，City Year 起初的运营和大多数非营利机构是一样的。它最初发源于波士顿一个非常小的项目。与其他非营利组织不同的是，迈克尔和艾伦是在运转一个"行动坦克"。他们想办法确保每一个参与这个项目的人都能得到丰厚的回报，他们更大的目标是赢得这些政治家和集团人员（也就是公司领导们）参与并见证他们的项目。他们让所有的志愿者都穿明亮的红色夹克，这样那些当地的领导者就会看到这一切并且认可这个项目的发展潜力。

当时作为总统候选人的比尔·克林顿，在他的一个巡回演讲中，看到 City Year 愿景的力量。接受他们的愿景为他赢了不少选票。他当选总统以后，City Year 的发展就轻松多了，他们得到的支持向人们展示了小组织的潜力所在。

专业技术公益领域的"行动坦克"

主根基金会从成立以来一直就是一个"行动坦克"。当我 2001 年建立主根基金会的时候，在这一领域已经有许多创新者。他们都是倔强的，死心塌地的专业技术志愿者，虽然面对诸多挑战仍然能坚持做自己。毫不夸张地说，那时的专业技术公益项目的完成率不超过50%。换句话说，专业技术志愿者服务在那个阶段就等同于充满漏洞的软件或是20世纪60年代健康食品超市所卖的腐烂的有机蔬菜。

我们建立主根基金会之初的愿景是要像Ben & Jerry's或全食超市那样——要能够成功证明专业技术志愿者服务是卓有成效的。我们的目标是：推动市场不断向前发展，从而可以达到我们所期望的目标群体——早期使用者。到2005年为止，我们解决了可靠性与品质问题，这就为一些有相同愿景的非营利组织和志愿者开了进入市场的一扇门。这些早期使用者看到专业技术志愿者们如何给他们带来好处，因为这些经历的回报具有稳定性，他们不认为他们在冒浪费时间的风险。

当主根基金会迈开步伐向前发展时，同样要赢得早期使用者的其他同类型机构开始出现。这包括从公共建筑（Public Architecture）的"百分之一"项目到社区项目，比如新英格兰的耶利哥公路项目。公共建筑对建筑公司做出挑战：为社区项目贡献出百分之一的时间，并且得以说服1300家公司每年带来价值4000万美元的服务。

主根基金会成立大约五年后，我遇到了迈克尔·布朗并且了解到"行动坦克"构架。这是我一直都尝试去做的，但他的团队想得更周全，并给其命名，可以使团队而不仅仅是单独的企业家更容易实施这一构架。

"行动坦克"是一个可交付的模型，它使我们跨越鸿沟，可以赢得早期众多跟进者。我现在需要使这个过程更有目的性，从而可以让我的团队和朋友们所使用。主根需要创建一个"行动坦克"来实现它的目标：确保非营利组织能够获得繁荣发展所需的专业技术服务，所有的专业技术人员都把专业技术志愿服务当作他们身份的核心组成部分。

专业技术志愿服务"行动坦克"就这样成立了，杰米·哈特曼（Jamie Hartman）接受委任来负责运营。她把这个领域的领袖们召集起来组建一个委员会，每年他们都会找出实现目标过程中的拦路虎，然后他们合力找出办法——或者是至少把难题降低到他们能应付的地步。

市场的例子

艺术
- 共享艺术空间
- 影院

主张与拥护
- 设计
- 公共利益设计

经济发展

教育
- 成人读写能力
- 网上学习
- 自助学习
- 科学技术工程数学教育
- 双语教育
- 成人教育
- 文科教育
- 益智玩具
- 特殊需要教育
- 国外学习
- 学前教育

能源与环境
- 替代燃料
- 家庭能源使用
- 住宅合成
- 水消耗
- 回收
- 替代包装材料
- 重新造林
- 产品再利用

商业与金融
- 债务减免
- 影响力投资
- 商业界的女士玻璃屋顶
- 职业女性晋升空间

- 社会责任投资
- 事业关联营销
- 企业家精神
- 商业透明

政府
- 移民领导
- 政治透明
- 选举权
- 安全网
- 政府收支平衡

健康
- 援助生活
- 孩子体能活动
- 生物监控
- 护理
- 癌症研究
- 健康教育
- 家庭医疗
- 便利看护

食品
- 儿童夏季食品
- 地方农场 – 餐桌
- 有机食品
- 素食
- 烹调教育

媒体
- 个人出版

公共区域
- 绿地空间
- 公共艺术
- 社区会议空间
- 社区安全

零售
- 供应链管理
- 公平工资
- 小企业支持

房地产
- 绿色环保建筑设计认证

交通
- 公共交通
- 自行车安全
- 小汽车共享

技术
- 基因工程
- 网上约会
- 电信
- 视频会议
- 在线网络
- 网上隐私
- 近域社交网络
- 大众外包

职场
- 员工福利
- 新工作介绍
- 自由职业
- 辅导
- 共享工作空间

我们通力合作建立专业技术志愿服务"行动坦克"领袖委员会,当我们建立自己网站的时候,我们突出展示了许多有影响力的致力于公司慈善的人,以及许多公司从盖璞到德勤会计师事务所再到美国第一资本投资国际集团(Capital One)。专业技术志愿服务"行动坦克"所识别的第一个障碍就是总是有公司不断地说他们不愿意参与专业技术志愿服务,因为他们从来没试过并且没有机会去做。他们承认他们的法律团队在做专业技术志愿服务,他们认为专业技术志愿服务仅适合律师去做——对公司其他的人来说都不适合。我们从事这一领域的工作并与来自各个专业及几乎各个公司的代表们交谈,我们知道事情不是这样的。但是假如他们持有这种观点,专业技术志愿者服务领域就无法向前发展。

杰米的第一项重大任务就是找出众多知名大公司所做的专业技术志愿服务的案例,并且让这些公司站在我们这边来支持我们。不是试图让这些公司转而从事专业技术志愿服务,我们是帮助他们提升他们已经在做的专业技术志愿服务并且邀请他们加入推动专业技术服务市场的行动中。比如,当我们给戴尔打电话告诉他们关于专业技术志愿服务的事时,我们会先给他们分享一个由我们撰写的个案研究,描述一项由他们的员工已经做过的专业技术志愿工作。戴尔没有推脱或是沮丧,他很自豪,并感觉自己已经成了我们志同道合的伙伴。我们后来所联系的公司都是这样。在开展专业技术志愿服务行动坦克几年后,杰米不仅几乎在每一家财富500强公司里面都有朋友,而且他们持之以恒地支持专业技术志愿服务。主根在一年内就对局势造成了180°的转变。

在商业界,那些有抱负的企业家总是通过他们的收益增长图表来说明他们的潜力,这个图表通常会具有一个类似曲棍球棒的形状。这几乎是每一个取得巨大成功的企业的模型。增长在最初的时候是缓慢且稳定的,但是很快达到了一个井喷的拐点,在之后的很长一段时间里公司的收入会以一个稳定的速率快速增长。专业技术志愿服务没有给我们的收益带来巨大快速增长,如同前面讲到的进入曲棍球棒曲线那样的发展轨道,但是对我们的影响力曲线确实有决定性的作用。它使得我们最初几年的工作对社会产生了强有力并且稳定的影响,这使得我们可以实现腾飞。

第十一章 市场推动者

2007年，主根基金会开始致力于赢得早期众多跟进者，我们开始在白宫游说，试图劝说所有的大公司能支持并参与技术志愿服务。通过与美国平面设计协会合作，我们的目标是希望所有的设计人员都能奉献他们5%的时间去做具有社会影响力的工作。我们开始为大公司提供咨询建议来建立他们的专业技术志愿者项目。我们利用美国第一资本投资国际集团和德勤会计师事务所这些早期采用者发挥的榜样力量让其他那些奉行实用主义的企业看到他们所得到的商业利益，这些企业更关注自己产品的实际利益以及对风险的可控能力。在2008年，国家和社区服务机构评定专业技术志愿服务市场的规模达到150亿美元。

在2012年，我们意识到：我们需要一个更大的平台来支持我们想要达到的规模，诚实茶公司也是这么做的。我们需要像可口可乐这样的合作伙伴来给我们提供基础设施，从而可以把这一领域推向一个新的阶段。我们发现雷德·霍夫曼（Reid Hoffman）所创建的领英就是我们想要找的合作伙伴，而现在领英已经成为主根基金会的合作伙伴，我们可以使用他们的技术和用户网络去赢得更多的早期跟进者。他们正在开发和使用新的方法让数以百万计的用户能去参与专业技术志愿服务并说服更多人参与。

"行动坦克"挑战

"行动坦克"模型可以用于目的经济中的任何市场。它可以被用于抓住各种机遇，那些纯商业性质的、纯慈善性质的以及介于商业与慈善之间的。这里给你提供一个机会来检验你作为"行动坦克"的能力。来试一下吧。

素食主义者市场

在2008年，730万美国人是素食者，约占人口的3.2%，有2280万人说他们基本上采取素食倾向的饮食，这约占人口的10%。还有120万人说

209

他们有兴趣在未来成为素食主义者，这个数目占人口的 5%[①]。

"行动坦克"的目标就是使美国人素食主义者的数量增加——也就是不吃动物的人。动物产品的消费是造成环境破坏的最主要原因之一，还有水污染、砍伐森林及温室气体排放[②]。这也与许多健康上的流行病相关，包括肥胖症、糖尿病、心脏病和癌症。通过倡导并推行素食主义我们可以医治我们的星球和我们的身体[③]。

自我询问的问题

- 对素食主义的接受程度现在位于接受曲线的哪个区域？
- 为了推动人们去接受，下一步需要做什么？
- 为了使人们心理上接受这一部分的内容，哪些障碍需要挪开？
- 如何来除去这些障碍？

在本书的最后一章，我会告诉你最后一个问题的最佳答案。在识别出障碍或机遇后，你如何找到适当的策略去应对？当你在读最后一章时，要去思考素食主义者这个案例以及如何把这个答案应用到你所发现的问题中。

---

① "Livestock's Long Shadow: Environmental Issues and Options." *Food and Agriculture Organization of the United Nations*. 2006. Web.

② Campbell, T. Colin, and Thomas M. Campbell. *The China Study: The Most Comprehensive Study of Nutrition Ever Conducted and the Startling Implications for Diet, Weight Loss and Long-term Health*. Dallas, Tx: BenBella , 2005. Print.

③ "In Vitro Meat: First Public Trial." *Wikipedia*. Wikimedia Foundation, 17 Dec. 2013. Web.

第十二章　推动市场的五种策略

我有幸能定期作为商业计划和创新竞赛评审委员会成员参与到这项赛事中。在年复一年的志愿评审工作中，我看着一个又一个创业者充满雄心壮志，分享着他们的计划，希望利用移动应用程序赚取 10 亿美元并消除贫困，这不免有些好笑。看上去好像技术和移动应用可以应对每一个挑战，抓住每一次机会。

技术虽然神通广大，但并不是商业游戏中的唯一重要因素。在目的经济中，除技术之外，研究和数据、创意、公众认知和政策这四大因素也会影响市场的发展。2012 年，我在《斯坦福社会创新评论》中发表的一份研究报告提到，至少需要在不同或同一时间段内利用至少其中的三个因素才能成功地创建市场。这些因素可以帮助人们消除障碍，提高变革接纳度。

我做此项研究正是因为看到了这么多杰出的人才致力于对这个世界做出真正的改变但却没有成功。我在想是否有一个公式可以为人们获得成功所需的努力做出预测。也就是说，系统性变革的秘诀是什么？在研究过往成功的市场推动行为的过程中，一个清晰的模式逐步显现。通过我们团队的研究发现，成功取决于五个战略，或者说五大因素。就像埃弗雷特·罗杰斯在其创新扩散理论中提到的一样，通过对这五大因素的利用可以使市场运行处于一个可预测的框架内。

创意

创意，也称为正向偏差，是通过小规模努力取得显著成果的例子。这些案例指出了更好的结果存在的可能性，从而为案例复制以及构建或扩大市场打下了基础。例如，1994年，旧金山湾区的著名大厨艾丽丝·沃特斯（Alice Waters）与当地一所学校合作，为学生们创建了一个花园，他们称这是一个"可食用的校园"，从而刺激了"健康学校"这一市场的增长。她的这一创意不仅吸引了加州大学伯克利分校超进步的创新者，还以一种有证可循的方式吸引了早期的采纳者，他们开始为如何在全国范围内扩展市场设定发展愿景。

当你考虑如何推动市场走向发展以及消除人们在接受变革方面的障碍时，你可能只需要在已有的创意基础上进行润色，或者自己想出一些创意，就像艾丽丝·沃特斯那样。

我们在上一章关于素食饮食的案例研究中，有哪些好的想法可以帮助你的目标群体克服在饮食中不吃肉的障碍？他们需要看到什么或者经历什么才会做出改变？例如，当我的岳父吃了顿既美味又管饱的素餐时，他感到很吃惊。虽然他没有因为那顿饭变成素食主义者，但是也确实改变了他曾经认为没有肉就不能吃好一顿饭的看法。

研究与数据

研究通常是帮助一个领域创造增量变化的工具，但同时它也可以成为推动市场的有力手段。在目的经济中，研究可以提供一些想法，激励企业家作为创新者来决定市场走向。鉴于目的经济不仅仅有关于底线，所以研究还经常界定衡量非金融成功的方法。在这样的情境下，那些能够改变你对一个市场中成功的定义的新研究,可以根本上地改变整个市场。作为消费者,以上观点无数次地在新的医学研究中得以印证,这些研究成果改变了我们对于应该多吃或少吃哪些食物的看法。

正如第十一章所提到的,人们已经对食用动物带来的医学挑战以及对环境产生的影响进行了重要研究。哪些额外的研究可以改变或消除人们进行转变的障碍?目标采用人群有哪些观念阻碍了他们进行转变?需要驳斥他们所持有的哪些信念?例如,是什么信念使他们认为动物产品对健康有益并相信自己需要吃肉来保持健康和强壮?

颠覆性技术

颠覆性技术包罗万象,涉及新药、移动应用等。就像创意一样,它改变了我们对"什么是可能的"的理解,并为促进市场发展提供了新工具。最具颠覆性的技术,如脊髓灰质炎疫苗,能够催化剧变。同样地,在信息技术方面也有很多颠覆性技术,从经典的WebMD(美国最大的医疗健康服务网站)到帮助组织应对灾害的移动应用,各种各样的例子不断涌现。

你可能已经关注到,最近的头条新闻是与可能扰乱素食饮食市场的颠覆性技术有关。2013年8月,在伦敦的新闻发布会上,由荷兰团队制作的试管牛肉汉堡作为展示品被吃掉。这种动物肉制品并不是从有生命的动物身上获取的。这项技术既不划算又不具有普及性,并且引发了伦理问题,但是它却体现了颠覆性技术是如何影响素食市场的。

公众认知

人们如果不了解市场或对市场抱有错误心态,就不太可能参与到这一市场的经济行为中去。而通过改变公众认知可以实现很多变革。例如,前纽约市市长迈克尔·布隆伯格（Michael Bloomberg）发起的一系列与健康相关的宣传活动，如室内禁止吸烟等，给纽约这个美国最大的城市带来了重大改变。其他城市和国家也随之通过了类似的法律。

在我们对素食主义市场进行的案例研究中，需要改变什么公众认知才能促使人们接受素食？人们脑海中的什么观念在阻碍着行动？人们需要经历什么才能改变？打比方说，如果人们直接看到了屠宰场的内部，他们对吃肉的看法是否会改变？畜牧业以及乳品业似乎有这样的考虑，因而禁止公众和媒体看到动物产品的生产过程。

政策

政策改变，多数情况下指改变公共政策，就改变了市场的规则。很多公司和特殊利益群体都清楚改变法律和政府在市场上的购买行为的影响力。企业政策的变动也会带来巨大的影响，多数公司对此都深有体会。例如，企业通过改变自身的采购和雇佣政策，便能迅速地推动市场向前发展。

City Year 通过政策调整建立了美国志愿者队，并为其注资，这使得每年能有 8 万人在社区的服务岗位就业。沃尔玛要求供应商提供可持续性产品，这也慢慢改变了数百家企业制造产品的方式。

企业或政府政策方面的调整会不会影响人们对素食主义的接受程度？政府可将消费动物产品定为违法行为，但若要想使得位于接受曲线下一区域的人群采用素食主义这一生活方式，此举则既不可能发挥作用，也没有必要实施。政府和企业正在制定哪些激励措施，以鼓励人们继续消费动物产品？这些措施如何影响产品定价及公众认知？以上种种问题或许能帮助人们发现一种新的战略，以便制定能够更好地为现行市场服务的政策。

第十二章 推动市场的五种策略

实际运用五种策略：建立专业技术志愿服务市场

这五个策略可以结合使用，而且通常应该如此。在主根基金会的工作中，我们十几年来都在借助这五种策略，尽管一开始我所关注的是创意。不幸的是，后来人们认为无偿专业技术服务并不可靠，也无法大面积施行——大多数非营利组织也都已经放弃了。

要实现为所有非营利组织提供专业技术志愿服务，很明显，首先必须要证明它的可行性。我了解到的该领域的基本情况是，只有不到一半的志愿项目已经完成，而且最大的志愿项目也仅仅为数十个非营利组织提供了专业技术服务。这一系列不尽如人意的结果让大多数非营利组织认为，专业技术志愿服务根本就是在浪费时间。如果我们想要证明专业技术志愿服务是有效果的，主根基金会需要推行一系列成功志愿项目，其数量要远超过之前失败的项目。

虽然耗时超过五年，但主根基金会最终做到了。通过利用各行各业的最佳实践，包括好市多Costco的产品开发和定价计划，德勤的咨询模式以及最有效的慈善机构命名法则等，我们在一年内的完成率达到了95%，并且项目数量过百。我们的创意引起了业界的关注，不久，新的专业技术志愿服务项目在全世界范围内不断涌现，除为非营利机构服务外，我们还创造了市场规模，提高了市场信誉，因此吸引了新的企业家和资本。

得益于创意，我们取得了成功，自此将重点转移到政策上。我们从未试图改变政府政策。相反，我们的重点是改变企业志愿服务的政策。这些企业将创建市场规则，我们需要他们改变自己的政策，开拓市场。为了达到这一目的，我们需要改变其衡量企业志愿服务是否成功的标准，将之从员工们服务小时数（虽然这是常态）向完成的工作质量转变。

虽然无法改变国家政策，但我们确实找到了一位最有价值且最需要的盟友，他位列政府的最高位。到目前为止，在我们力图改变公众对专业技术志愿服务认知的过程中，所达成的任何成就在规模上而言都比不上说服白宫接受这一使命这一成就。那天我听到美国前总统乔治·布什总统的演讲提及"专业技术志愿服务"时，我意识到我们正面临转折。总统公开支持我们的设想，推动美国企业更多地提供专业技术志愿服务，他已经开始改变了公众认知。

大约一年前，我遇到了南希·墨菲（Nancy Murphy）——安可顾问公司（APCO Worldwide）企业社会责任实践部主管，当时，她在我们董事会工作。她向我们解释，在琼·凯斯（Jean Case，凯斯基金会创始人，关注慈善和社会事业）的领导下，安可顾问公司被聘请为乔治·布什总统的服务与公民参与顾问委员会出谋划策。该委员会吸纳了几乎各行各业的精英们，包括美国纳斯卡车赛的车手、公司的领导、得克萨斯大学的校长、印第安纳波利斯小马队（美国职业橄榄球队）的主教练等。这可谓众星云集，但正如南希所说，他们有一个主要的问题：对于如何利用这个平台让国家发生有意义的改变，他们束手无策。

南希直接问我：如果我能让委员会和总统支持一项运动，那将会是什么情况？我跟她分享了一个故事，故事讲述了约翰·肯尼迪总统在法律行业创造现代专业技术志愿服务职业道德中发挥的作用。1962年，肯尼迪总统召开了全国顶尖律师峰会。他要求这个拥有最强法律头脑的团体确保刚通过的民权法案能被有效地执行。肯尼迪总统知道尽管他已经赢得了华盛顿一役，但审判室的战争尚不知输赢。当他邀请众律师作他的民权护卫队时，他告诉他们，成功需要专业法律志愿服务的支持。他们不仅赢得了战争，而且借此在法律行业中创造了专业志愿服务的现代实践。那时他们对律师职业感到自豪，并将那伟大时刻的自豪感转变成了法治人士的核心要素。

主根基金会需要为商界提供一个类似的项目作为转折点。如今这个时代，政府在社会服务中发挥的作用正在减弱，为了建立非营利组织服务于我们的社会，总统需要对企业进行呼吁和号召。我告诉南希，这不论是对于理事会还是总统来说都是十分理想的社会变革，值得花时间与精力去推动。对于汇集在一起的商界领袖，总统则建议他们为非营利部门提供无偿专业技术支持，要求他们承诺提供价值十亿美元的专业技术服务。这个数额并没有达到我们所需的两千亿美元，而是这些服务能够作为星星之火推动专业技术志愿服务的新领域的建立。

琼·凯斯很喜欢这个主意，并欣然采纳。小组推出了为期多年的"十亿+改变"计划项目，此项目已成了基金理事会的核心焦点。尽管一路上项目的发展遇到了一些阻碍，最终还是获得了来自各企业价值超过20亿美元的专业技术服务，这个其寿命甚至超过了布什政府执政期限，得以在奥巴马总统的领导下继续开展。

此外，我们每年都以研究和数据作为手段来扩大无偿专业技术服务的市场。最有力的例子是，通过努力我们改变了许多非营利组织的成见，在它们看来，无偿专业技术服务仅是提供给那些无力支付的非营利组织。在研究我国最具影响力和最为出色的非营利组织后我们发现，除少数例外，无偿专业技术服务占这些机构预算的10%~20%。无偿专业技术服务是非营利机构取得成功的必要因素，而非失败时的绝望选择。这项研究改变了非营利组织对于无偿专业技术服务重要性的认识。

颠覆性技术也是构建无偿专业技术服务市场的关键。第一次在纽约市开设办事处时，我与志愿者顾问团队负责人布鲁克·马奥尼（Brooke Mahoney）进行了会面。这个组织致力于吸引商界人才参与非营利组织的工作，因此在纽约广受赞誉。在布鲁克的办公室里，我通过演示幻灯片和她分享了我们的服务赠予模式，但她马上否定了这个提议。她说："这是不可能的。十年前，我曾经也尝试过，然而并没有奏效。这样做成本太高，而且管理这一模式会耗费员工大量的时间。"

对于一个企业家来说，这是一个有趣的时刻。我突然感到自己是幸运的，因为我选择在2001年这个时间点创办主根基金会。布鲁克的想法与我的基本一致，但是十年前却没能成功，因为当年还没有技术来实现这个想法。从那时起，因特网和广泛应用的电子邮件已经改变了我们能够在网络上完成的事情的性质，颠覆了我们的工作方式，也使虚拟小组工作和管理虚拟项目成为可能。甚至一些类似于线上小组电子邮件和免费电话会议服务这样简单的工具，也会最终会对服务赠予模式成功和失败产生影响，正如之前一样。

大约十年后，技术又一次为专业技术志愿服务市场的向前发展起到了至关重要的作用。大约在 2009 年，我的同事给我发来邮件，提及一位女士正在创建专业技术志愿服务项目。几个月后，终于有人把她的网页发给我了，她的公司叫 Catchafire。她的公司把个体的专业技术志愿服务人员与非营利组织组合起来，使他们去做预先界定好能力建设项目。这是一种建立在收取中介费之上的商业模式。Catchafire 公司提供这种服务。

我和雷切尔·庄（Rachel Chong）终于得以见面，我很欣赏她所做的事。实际上，她也一直受到主根基金会所做事情的激励，但是她不喜欢主根基金会的模式，作为一个初级投资银行分析员，雷切尔没有时间去做服务，而我们也用不到她的技能。也就是说，她喜欢和赞同我们的想法但是她认为我们的执行方式是错的。志愿者们都是和她的公司单独合作的，而不是以团队的形式进行合作。志愿者们承诺的时间是 50 个小时而不是 100 个小时。为了成本效益以及减少人际交往所带来的不方便，他们提供的几乎都是在线服务。这一模式也适用于更大规模的项目。我们采用的模式类似于 Costco，而她所建立的是与亚马逊经营模式很相近的公司，就是通过在线付费而为各样的问题提供解决之道。

主根基金会最新的合伙人带来了近几年来最成功的技术创新红利——领英所提供的广阔而活跃的专业技术人员网络。而领英的目标就是要把有天赋有能力的人与机遇连接起来。对这一目标符合逻辑的一个延展就是要把他们 2.5 亿会员与能够给世界带来影响的机遇连接越来——去从事专业技术志愿服务。

主根基金会在具体行动时会找出一切拦阻其向前的障碍并果敢地用这五种策略清除掉它们。与不断的创新相融合，这五个策略能为任何一位领导者创建一种强有力的模式来改变这个世界，一次可以成就一个市场。

实际使用五种策略：对九个小微案例的研究

你可以在各行各业中找到应用这五种策略的案例。尽管主根基金会在运营中用到了所有五种，不同的组织运用不同的策略来推动市场。

- Mosaic：太阳能

从事太阳能投资和众筹金融的网上平台，利用能源和金融领域颠覆性技术来改变公众对于太阳能高投资成本的认识。从政策层面来对太阳能投资进行补贴是相当有难度的，但是 Mosaic 决定从众筹金融和绿色投资方面入手，这不仅是一个明智的营销策略，也是对太阳能产业可行性公众认知的一个挑战。至今，通过 Mosaic 平台的投资已经达到了 560 万美元。

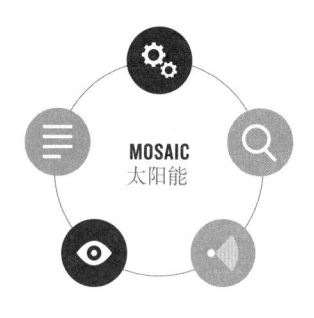

- OMEGA：生物燃料

OMEGA（离岸海藻膜生长装置）项目中，科学家和工程人员利用新研究和数据开发出了以海藻为载体的颠覆性技术。与其他海藻不同的是，OMEGA 项目中的海藻即是一种生物燃料也是清洁剂，它的生存并不靠生态体系资源比如食品、化肥或是土地。而且，新兴研究与颠覆性技术的组合为这一领域的进一步深入发展创造了机遇。这是控制性的实验研究项目的第一步，下一步就是进一步探索 OMEGA 项目的商业可行性，把它用于更多的领域，包括生物燃料生产、废水处理和碳回收。

- **Kickstarter：众筹投资**

Kickstarter 是一个众筹网上平台，旨在为独立创意项目募集资金，于 2009 年创建，使用的是安全网上集资平台（它自身就是一项近年兴起的颠覆性技术）。这个平台发现并为那些想去开发自己项目的企业家、设计师和其他自由职业者解决缺乏资金的问题。它的创建者突出强调了莫扎特和马克·吐温那个时代的人们所用的策略：他们从他们的社区集资，然后把自己的一个作品作为回报送给他们的社区。即使如此，Kickstarter 在技术上的创造性使用使得它能够有能力为 53672 个不同的项目获得 7890 万美元的众筹投资。并且在此过程中，Kickstarter 成了这一技术领域最具影响力的创意之一。

- **B Lab：负责任的商业领导力**

B Lab 的愿景是：重新定义商业成功。他们利用社会公益企业的创意，通过建设基础设施来帮助尚处于草根阶段的项目发展为有组织结构的更大规模的企业。他们最具影响意义的成就是成功地说服了美国 19 个州（到我们写本书的时候为止）通过立法来承认一个新型社会责任公司结构——公益企业。

- **可汗学院（Khan Academy）：开放式教育**

可汗教育是以线上课程（MOOCs，大规模公开网上课程）的形式出现的，它越来越引起人们的关注。和其他线上课程一样，可汗学院使用网络技术和大量的媒体以及共享的渠道——这改变了教育产业的运作模式。然而，通过提供大量的网上免费课程，可汗教育在初期只用非常低的成本就获得了大量的支持，因为它能够解决人们缺乏优质的公共教育资源的难题。利用它初期获取的成功，可汗学院得到了经济上的支持并且发起了第一个"初级的"线上课程。现在，可汗学院每月有 1000 万学生，已经发布了 3 亿个课程。

- **美国公平贸易协会（Fair Trade USA）：消费品公平贸易**

公平贸易运动起源于人们日益增长的一种认识：消费者和供应者购买的食品应该是在安全的条件下生产出来的，工资是公平的，生产方式对环境和工厂所在的社区都是可持续性的。这种认识的出现始于令人不安的研究和新闻报道。

美国公平贸易协会所颁发的简单的认证标识，保证了消费品的贸易公平性（这一标识，在遍布美国的 10 万家零售商店的 1.2 万个消费品上可以找到）。这一标识的广泛使用标志着一场颇具成效的社会运动，旨在推动消费品生产者采用更为人性化的生产方式。这一策略改变了关于生产方式道德的公众认知。利用公共认知的改变，美国公平贸易协会为改变公共政策、建立公众相关意识、支持生产过程的透明化以及推进供应企业采用最佳实践打下了基础。

- **旧金山公用事业委员会（San Francisco Public Utility Commission）：节约公用资源**

旧金山公用事业委员会是美国公用事业公司的一个范例。这个委员会得到了公众认知、政策、研究以及新的和可再生技术的支持，他们决定不仅把可持续技术与能源纳入他们所提供的产品范畴中，他们还在提供城市用水、电力能源和城市排污系统的过程中优先考虑环境和社会利益，他们认为这是刻不容缓的，是他们的使命。旧金山公用事业委员会成为一个

创意，为那些垄断性的企业树立一个可以效法的榜样，也推动了这一行业的发展。借用从 1987 年的文莱报告（名为《我们的共同未来》）摘录的关于可持续性发展的语句，他们把自己突破性的进展描述为"既能满足目前需要而又不会造成未来资源的枯竭使得子孙后代的需求无法得到满足"。

- 自由职业者联盟（Freelancers Union）：独立劳动力大军

1995 年，自由职业者联盟（原来的名字是：今日工作）在纽约市成立，它代表了日益增长的独立劳动者的需求和利益。这个组织利用有效的研究和运动，致力于以创新的方式实现以下目标：支持它的 38 万会员以及全国 4200 万独立劳动者，并使他们能够齐心合力。他们是部分仿效了美国退休人员协会（AARP）的做法，自由职业者联盟为它的会员提供健康保险。在过去的几年中，这个组织在布鲁克林为它的会员开了个富有创意的健康诊所，并且在纽约市成功地为政策改变而奋斗，他们为独立的劳动者取消非企业的营业税——这一举措为其会员每年节省高达 3400 美元的开支。

- 实践融合（Practice Fusion）：医疗保健透明性

实践融合是一家电子健康记录（EHR）公司，它通过创造性地率先建立电子健康记录技术的开源网络模型而在这一领域脱颖而出。作为美国最大的和发展最快的医疗保健平台之一，实践融合带来了颠覆式的技术，它向患者及医疗从业人员表明：通过把患者的需求摆在医疗保健服务的首要位置，电子健康记录技术能够带来更大的流动性和透明性。

第十二章 推动市场的五种策略

你会改变哪一个市场

那么，在使用"行动坦克"模型来创建你的目的经济组织的过程中，你需要采用哪些步骤？

"行动坦克"清单

第一步：定义你的市场

你想推动的市场是什么（例如：需要或机遇）？

[ ] 你所定义的需要或问题。
[ ] 可以利用哪些机遇或主要见解来满足所定义的需要。

检验你的市场定义

[ ] 它是具体的，特定的（例如：不是世界和平）。
[ ] 它是定义得清楚的，有明确范围/不固定范围的（例如：地理、人口等）。
[ ] 动机应当清晰（例如：它为什么对你如此重要）。
[ ] 没有假定一个解决方案（你的市场定义是否强行暗示一个解决方案）。

第二步：选择一个度量标准来测量进步

哪种度量标准可以有效判定市场是否被推动？

[ ] 定义度量标准

检验度量标准：

[ ] 它可以被实际测量。

[ ] 它的选取是基于因果逻辑关系的或是众多变量中的一个。

[ ] 使用这种度量标准不会给你的策略带来负面影响（例如：选取错误的度量标准可能会催生人们操纵数据的意图，从而对推动市场起到反效果）

[ ] 理想上，它进一步地受到所界定的地理或人口状况的限制。

[ ] 需要5～10年才有可能发生明显的变化（不会太早或太晚）。

第三步：定义你的目标受众

在"行动坦克"模型中谁是你的目标受众？

[ ] 定义你想改变的人群。

检验你的目标人群：

[ ] 为了带来改变，这些是需要接受新的行为的目标人群吗？（例如：是房地产开发商而不是住户，是那些需要做出改变去提供居民可负担起的住房）。

[ ] 是否有一个80/20法则使你的努力有重点（例如：减少酒驾事故，因此就把重点放在青少年身上)？

[ ] 在接受曲线上能够找出最近一个接受改变的区域。

[ ] 定义你的目标区域在哪里以及下一步做什么。

检验你的接受区域：

[ ] 这些目标人群还不在市场中吗？

[ ] 上一个接受区域中的所有人是否全部参与到市场中？

[ ] 定义使接受区域做出改变的主要障碍。

检验你的障碍:
[ ] 这些障碍是你的目标人群所特有的吗(例如:对于接受曲线上的其他区域并不适用)?

第四步:利用五种策略来消除障碍

在之前所提及的五种策略中,哪一个或几个可以最好地应对你的障碍?
[ ] 定义用来应对障碍的策略。
[ ] 给出你选择这些策略来应对障碍时所做的假设。

检验你的策略:
[ ] 有没有更加容易的方法去打动你的目标人群?
[ ] 如果你要使用这些策略,对你的衡量标准会带来怎样的影响。这个衡量标准是否够用?

结 论

我是在一个犹太人佛教(父母都是犹太人的后裔但是却信奉藏传佛教)家庭背景下长大的,我接触到两种文化的价值观和习俗。我早年的教育就是在一个佛教学校完成的,那时我父母的生活中心就在桑哈(一个佛教社区)。他们都是犹太人的后裔,但在20世纪60年代他们觉得需要去追寻自己的人生之路。

谈及抱负——改变世界,使人幸福美满。这是我们的最终目标,我们要把这个目标当作努力的方向。在设立无法达到的目标时,我们不得不承认我们还从未完成它,这使我们立足现实,在目的经济中我们要谦虚。

后　记

我们住在埃尔克山酒店里，此地海拔2800多米，四面环山。这里离科罗拉多州的阿斯彭不远——是地球上最漂亮的地方之一。正值金秋十月，阿斯彭的树叶一片金黄，在夕阳的余晖下翩然飘落。

就在那天，由于我身边的这位身着雪白长裙的女士，那个地方成为了最美的地方。

我心目中的成功是与生命中的这一美好时刻连在一起的。

早在三年前我就建立了主根基金会。那时我们还只是一个刚刚起步的组织，在旧金山之外，我们还没有其他的分支机构，因为在世界上很少有哪个组织会效法我们的模式。在成立十年时，我们用于非盈利服务中的资金是大约一千万美元。在最终加入我们的成千上万的专业技术人员中，那时只有几百人。我们还未能与进入《财富》200强的公司合作，他们后来都成了我们亲密的合作伙伴。我还在构思着白宫运动——为社区赢得20多亿美元的专业技术志愿服务。

在开始建立主根基金会的时候，我做了一些令自己都感到震惊的事。我在几乎没有任何存款的情况下离开了自己收入很好的工作，去做一件我那时的高管教练（是活跃在北美东西海岸的主管教练，专为高阶主管突破困境或制订决策担任咨询顾问）认为是根本不现实的事。当时根本没有一个清晰的途径去获得资金建立主根基金会，我的核心理念与当时这一领域的诸多既定规则与做法都相悖。

但是我可以预见到自己未来将会获得的成就，可以去品味它并去感受它。我需要去完成我的宏伟计划。在非营利机构工作的经验使我确信：这一使命对于未来的慈善组织是至关重要的。做产品开发的经验使我知道，这在技术上是可行的，企业专业技术人员并不仅仅是希望有目的来驱动自己，而是渴望这样。我找到了一个呼召。这不是发现了一个商业计划，一个主意或是一个组织——而是发现了自己。这是一个人真实自我的充分展现，是关乎我是谁，我的强项在哪里以及我能做什么。

我一直迎难而上追逐这一愿景。早期的挫败以及亲友的顾虑更是坚定了我不断进取的决心。我感觉我就像一下子被赋予超然的力量。这样的力量不是外在的，而是来源于内心深处，当我把它与我个人最重要的愿景结合起来时，这种力量就释放出来。

我这份超然的力量当然不会给我带来身体上的超能，像一下子从一座楼房跳到另一座楼房（我上跳的能力只有大约三英寸高，约8厘米）。但是这种力量对我来说是意义非凡的，它使我的身边充满了有能力有才华的人。我在工作中甚至认识了卡拉。她是早期董事会（现在我和卡拉之间的梗是我在招聘这件事上用力过猛）的目标锁定人员。尽管在过去的十年中我遇到过一些优秀的女性，卡拉却是非同寻常的。由于要创建主根基金会，我需要结交更多的人并且要学会充分表达自己。这使得我有机会找到了自己梦中的情人并且全力以赴地投入这段关系，这是我以前无法做到的。

在那个清凉的十月，我们的主礼牧师迪克·迈特根（Dick Matgen）站在我和卡拉前面，他就是那种你最想遇见的，也是会给你留下最深印象的人。迪克是我在一年多前为主根基金会寻求支持时遇到的，当时我去了他在半岛社区基金会的办公室。他的一万美元支票的帮助在当时看来真是天大的数目，使得我们得以迈开步伐发展。迪克曾是一位天主教牧师，他离开圣职出来工作。他的合作伙伴乔治（George）坐在观众席。

与乔治一起的是卡罗林·巴勒林（Caroline Barlerin）和她的新婚丈夫亨特·沃克（Hunter Walker），还有许多老朋友，在过去的几年中我们的关系变得更亲密了。他们以各样的方式帮助我实现梦想，我们互相成全，彼此都变得都更强大。

在这个难忘的清朗的十月，看着我的新娘、迪克、卡罗林，还有那天来到婚礼的人，我意识到：在建立主根基金会中，我发现了真正的自己。

附录1 目的经济的核心要素

我是在密歇根州底特律附近的安娜堡读完高中和大学的。我所生活的底特律与祖母所了解的完全不一样,因为她当时是难民,从德国来到这里的。她画了一幅城市全盛时期的图景:高大气派的房屋,朝气蓬勃的精神面貌,充满了乐观主义。

当时的底特律是工业经济的全球枢纽,不是现今的幽灵之城。

大学毕业后我移居硅谷,我非常吃惊地发现这里竟然非常像我祖母所描述的那个她所了解的底特律。这是一个活力四射、创新型的城市,充满了巨大的财富和机遇。当我们从工业时代迈向信息时代时,硅谷逐渐取代底特律并一跃成为经济中心。

当我们迈进第四次经济时代,也就是目的经济时代,硅谷有可能被全球的创新枢纽所取代,正如它在信息经济兴起时取代了底特律一样。这是造就另一个城市来引领和走向繁荣的一个历史机遇。如果一个城市或地区要成为目的经济的中心,它需要哪些预备?

从亚特兰大到克利夫兰到盐湖城再到柏林,每个城市都在探索怎样成为下一个目的经济枢纽,而不是成为下一个硅谷,因为这会更有意义。

根据YouthfulCities的研究,52%的世界人口低于30岁,这大约也是城市人口的比重。我们现在处于城市变革的核心时期,我们正在定义在新经济中哪个城市会脱颖而出从而走向繁荣。

附录1 目的经济的核心要素

索尼娅·米奥科维奇（Sonja Miokovic）是 YouthfulCities 的全球总监，也是该机构的联合创始人，他发现：体现出诸多积极的年轻特质的城市会一直向前发展，能够成功吸引和留住人才，最终能够最大化实现它在全球待开发资源方面的潜力。

YouthfulCities 已经确定下来并正在衡量城市的特征，看他们是否能满足 30 岁以下的人的需求（附图 1）。这与格雷格·林赛（Greg Lindsay）的研究非常相匹配，他是《工程意外新发现》（*Engineering Serendipity*）的

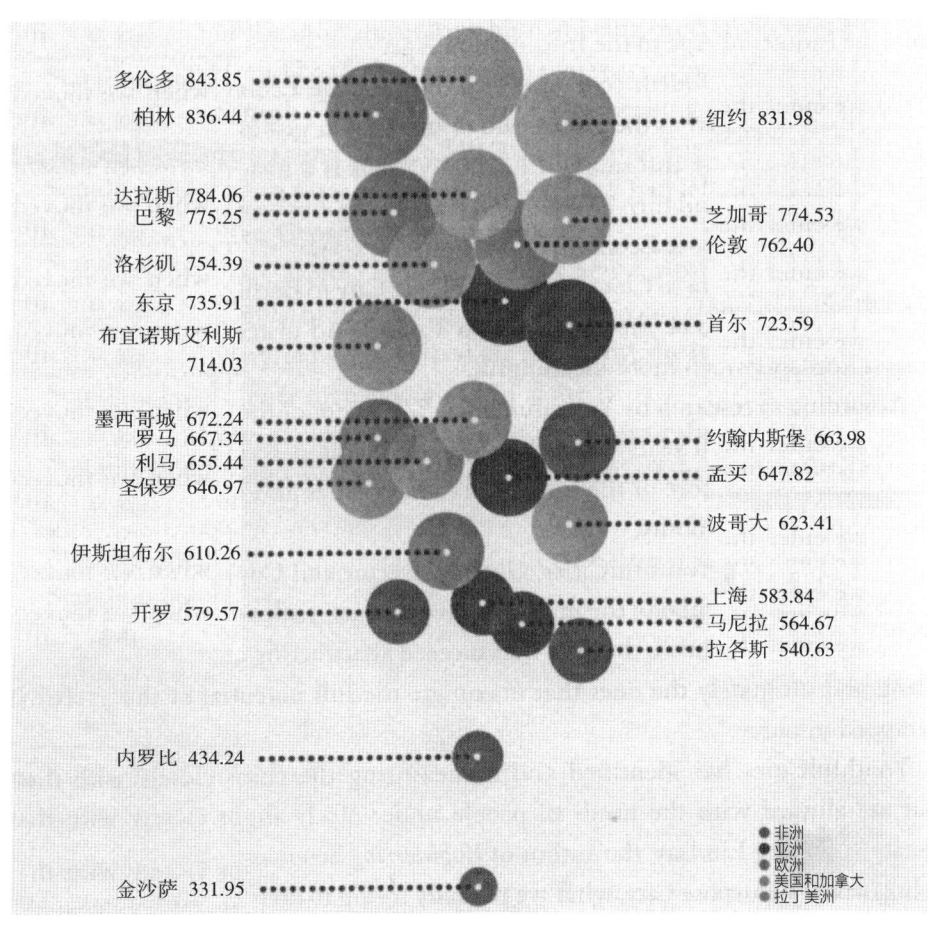

多伦多 843.85
柏林 836.44
纽约 831.98
达拉斯 784.06
巴黎 775.25
芝加哥 774.53
伦敦 762.40
洛杉矶 754.39
东京 735.91
首尔 723.59
布宜诺斯艾利斯 714.03
墨西哥城 672.24
罗马 667.34
约翰内斯堡 663.98
利马 655.44
孟买 647.82
圣保罗 646.97
波哥大 623.41
伊斯坦布尔 610.26
开罗 579.57
上海 583.84
马尼拉 564.67
拉各斯 540.63
内罗比 434.24
金沙萨 331.95

● 非洲
● 亚洲
● 欧洲
● 美国和加拿大
● 拉丁美洲

附图 1　YouthfulCities 指数总体得分

资料来源：2014 YouthfulCities 指数　　网站：Youthfulcities.com

作者。他说道："当谈到建设目的城市时，我们真正要去做的就是加快它的反应速度。我们要去建立新的空间去鼓励意外发现，要去构建新的人际关系。我们要去创建公共的空间来增加人们的交往而不是仅仅只有人数的增加。当我们做到这点时，也就在创建一个了不起的有着辉煌前程的城市。"

当我环游世界时，遇到了商业界、学术界和城市的领导，对于新目的城市来说，它的特征包括几个核心要素。在全美城市中，我们与合伙人们进行了几百次的晚宴探讨，探索目的在城市中所发挥的作用时，这些核心要素是大家达成的共识。

- 衡量居民幸福

  在现今的信息经济中，有句俗语说得好"只有那些被衡量的事情才得以完成"。而这种状况很有可能在新经济时代持续存在，对于城市来说去衡量城市居民的幸福是非常关键的，可以作为城市能力的一个核心指标。圣莫尼卡成为这一领域的领袖。

- 社区投资

  旧金山和硅谷因其诸多事物而闻名，但它们的社区却不闻名。这些城市的规划并没有围绕着人际交流与社区参与。而布鲁克林却是这方面做得最好的一个典范，在社区周围有学校和公园。

- 当地商业/制造

  当我们能够从附近买到商品和服务时，这种购买行为就在很大程度上给我们带来目的感。而更理想的是，我们能够生产自己的商品——至少可以使外来的商品符合当地口味。这需要创建我们可以生活、创造和购物的联合社区。

- 流动的交通

  没有什么比独自开车更能够减弱人们的社区参与度和目的感。但是我们必须能够在城市中便利地行动，以使自己成为城市中不同生态系统的组成分子。目的经济的枢纽有可能使没有车的生活既安逸又愉悦。

- 终身教育

  我们进入的时代会颠覆教育体系。目的经济中的教育要与社区合二为一，被看作是一项终身的体验，不是我们从哪里毕业然后从事什么工作。这意味着要使学校成为社区设计的更大的一部分，把学校与当地企业和组织结合起来。

- 跨世代住房

  家庭对于目的尤其重要，我们要回归以往的模式：几代人能够并排居住在一起而不是从长辈们身边搬离。敬老院要与主流的住房合并。随着科技在医疗监控方面的进步，这做起来更容易了。

- 政府志愿者

  目的经济城市的政府会在幕后领导，它赋予居民权利成为政府各个项目和领导阶层的志愿者。通过更广泛的参与和透明性，目的经济城市在自治和帮助有需要的邻舍方面都会更加积极。

- 人文和艺术的回归

  在信息经济中，人文和艺术变成了奢侈品，社会使我们的目光聚焦在科学和工程上。为了建立幸福的，富有目的感的、充满同理心的社区，人文和艺术将再次成为教育和城市生活发展中的优先考虑事宜。

- 自给自足

  这并不是完全与外界失去联系，目的经济枢纽有可能会在市区内或市区外100英里（160.93千米）的范围内生产自己的食品和能源。城市农场和能源生产会依托于建筑和城市基础设施框架。

- 多样化

目的经济是全球经济,作为其枢纽的城市将很可能代表着世界的多元性。成功的社区能够很好地包容这种多元化的观点与背景,并催生创新。

附录 2　术语表

行动坦克：组织内的努力或是组织间的努力，为了设立目标，找出实现目标的最大障碍，采取行动排除障碍；比起"脑力坦克"（智库），它更侧重于行动。

农业经济：以农耕和土地为中心的经济。

福利企业：一种以营利为目的的企业，它致力于在以下几个方面达到更高水准：社会和环境，责任与透明度，社会和环境影响，此外决策过程也会带来利益。

创意：在目的经济中推动市场发展的五个策略中的一个。这个策略是一种努力，通常是小规模的，但却是能够带来巨大的结果，它可以为其他的市场建立和扩展者提供一个起点。可参见**创新扩散理论**、**政策**、**公共认知**和**研究**。

内心召唤：一种使工作和生活无缝对接的心理途径。这种心理途径通常最容易受到父母的影响。可参考**事业**和**职业**。

事业：一种工作的心理动机，人们会把工作看作是自尊和成功的核心，有超越同伴的意识。父母工作的心理动机对其产生具有榜样作用。可参考**内心召唤**和**职业**。

组织共同体：识别、聘用和发展领导层，以领导层为中心建立共同体，同时寻求共同体外部领导力的支持以促成共同体内部的改革。

创新扩散理论：由埃弗雷特·罗杰斯创建，提出新的观念和技术是如何、为何以及以何种速度通过文化传播的。接受创新在本质上是具有内在社会性的。

颠覆性技术：是目的经济中推动市场运行的五个策略中的一个。这个策略改变了我们对于可能性的理解，它通过使用新技术从而给市场新的手段向前发展。可参见**创意**、**政策**、**公共认知**和**研究**和部分。

经济演化：是经济出现的特征，每一种占支配地位的经济都是从以前的占支配地位的经济基础上成长起来的。然而，新经济并不是取代了以前的经济，而是它的补充并在它的基础上建立，以全新的方式服务人类的需要。

社会改变的五个策略：这是目的经济中推动市场的独有的五种路径。它们分别是：研究和数据、政策、公共认知以及颠覆性技术和创意。

国内生产总值（GDP）：一个国家在特定时间内生产的最终商品和服务的市场价值。人均GDP经常用作衡量一个国家的生活水平。

以人为中心的设计：一个几十年来一直被用于针对各种挑战的创新解决方案。这一过程帮助设计人员去倾听人们和社区对他们设计上的需求，使设计人员能应用创新方法，为特定人群在文化和经济方面的需求提供解决方案。

人口规模：是一个城市设计术语。这意味着是一个可以管理的规模，建立在对社区和可居住性有清晰了解和鉴别基础上。这一规模可以从定性或定量这两方面进行评估。

工业经济：后工业革命时代经济，通过使用新技术来提高物质产品的生产，促成了人口的大规模增长和高效的劳动力分工。

信息经济：是越来越多地强调信息的产生、组织和使用的经济。众所周知，信息经济真正的出现是在20世纪50年代。新技术为信息经济提供了基础，互联网的出现使信息经济达到了巅峰。

职业：一种工作的心理动机，认为工作只是他们谋生的一种手段。父母工作的心理动机对其产生具有榜样作用。可以参考**内心召唤**和**事业**。

重塑工作：重新定义你的职业，使其与目的结合并产生最大的成就感和影响力。这一实践会推动你对自己的职业做出设想，规划职业的主要影响要素，重新组织这些要素使其更适合你。可参见**目的驱动因素：关系，影响，成长**。

市场：以经济为中心，围绕着接受特定利益、服务和行为改变的一系列的活动。

千禧世代：在2000年前后达到成年的年轻人。也被称为Y时代，这一人口群体经常指的是那些出生在20世纪80年代和90年代的人。

非目的驱动型工作者：人们工作的心理动机是把工作看作是生活以外的事，或者工作主要是他们提升自尊的一种手段。他们不认为在工作中带来影响力是一件重要的事。可参见**目的驱动型工作者**。

政策：是目的经济中推动市场运行的五个策略中的一个。政策手段特别用来改变市场游戏规则。它主要被用作描述改变公司或政府政策所付出的努力，从而能影响市场。可参见**创意**、**颠覆性技术**、**公众认知**和**研究**。

专业技术志愿服务（Pro bono）：这是一个拉丁语，意思是"为了公众的利益。"目前，它指的是：为了公共服务，专业人士自愿承担的没有报酬或者是报酬很低的专业工作。

公共认知：是目的经济中推动市场运行的五个策略中的一个。这一策略为人们提供认识市场的一种新思维，转变认识，重新定义问题来促进社会转变。可参见**创意**、**颠覆性技术**、**政策**和**研究**。

目的：完成或创造一件事物的原因或者一件事物存在的原因。

目的驱动因素：引导一个人在工作和生活中获得成就感的内在倾向。目的驱动因素的三个分类分别是：想要影响"何人"；想要获得什么影响（"为何"）；解决问题的方式（"如何"）。每个分类都可以进一步细分来反映个体的占支配地位的倾向（什么驱使他们有目的性）。例如，在受"何人"因素驱动的人群中，有的人想要去影响整个社会，有的人想要影响组织（企业、俱乐部、团部），还有人想要在个人层面上影响他人。非目的性驱动因素包括地位和金钱。可参见**目的模式**。

目的经济：一种新兴经济，其核心特点是人们在生活中找寻更多目的。

经济价值的创造集中在使员工和顾客能够有目的进行自我表达——通过为比自身利益更为高远的目标奉献，通过个体成长，和通过建立共同体。

目的倾向型工作者：这是一种工作的心理动机，能够看到有目的的工作所具有的潜力，但是会纠结于想要固守外在的动机（比如金钱和地位）。可参见**非目的驱动型工作者**和**目的驱动型工作者**。

目的驱动型工作者：这是一种工作的心理动机，通过不断地深化人际关系，通过超越自我去影响更大的层面，通过个人和职业成长从而看到工作的作用是去创造意义和成就感。这些工作者更有可能成为有高远目标的领袖，能够更加持久地坚守岗位，更有可能成为他们公司的形象大使。

目的模式：代表特定目的的驱动因素组合的典型。例如，被称为"大使"的目的模式就是指通过组织社区的方式（"如何"因素）在全社会范围内（"何人"因素）营造和谐氛围（"为何"因素）。可参见**目的驱动因素**。

关系、影响、成长：工作成就感的三种来源和预测指标。它们也是目的驱动型工作者的核心需求。

研究：是目的经济中推动市场运行的五个策略中的一个。这一策略由数据所驱动，经常在学术界出现，可以使领导者和企业家转变对于市场的理解，为他们提供智慧和洞见。可参见**创意**、**颠覆性技术**、**政策**和**公众认知**。

共享：对于资源和空间的联合使用。

社会资本：一个人的人脉以及其人脉中所蕴含的利益。期望中的集体或经济利益来源于个体间或群组间对彼此的优先对待与合作。

社会影响：一个活动对于社区组织、个人幸福、家庭和社会的影响。

社会媒体：人们在虚拟社区或在网络上的驱动，包括创造、分享或交流信息和观点。

良好状态：个体或群组在社会、经济、心理、精神、医保几个方面上的状况，幸福、健康或成功的状态。

参考书目

Acuff, Jonathan M. *Start: Punch Fear in the Face, Escape Average, Do Work That Matters*. Brentwood, TN: Lampo, 2013. Print.

Baker, Wayne E. *Achieving Success through Social Capital: Tapping the Hidden Resources in Your Personal and Business Networks*. San Francisco: Jossey-Bass, 2000. Print.

Bishop, Matthew, and Michael Green. *Philanthrocapitalism: How the Rich Can Save the World*. New York: Bloomsbury, 2008. Print.

Block, Peter. *The Answer to How Is Yes: Acting on What Matters*. San Francisco, CA: Berrett-Koehler, 2002. Print.

Bolles, Richard Nelson. *What Color Is Your Parachute?, 2012*. Berkeley, CA: Ten Speed, 2012. Print.

Briscoe, Jon P., Douglas T. Hall, and Wolfgang Mayrhofer. *Careers around the World: Individual and Contextual Perspectives*. New York: Routledge, 2012. Print.

Campbell, T. Colin and Campbell, Thomas. *The China Study*. Dallas, 2004. Print.

Cameron, Kim S., Jane E. Dutton, and Robert E. Quinn. *Positive Organizational Scholarship: Foundations of a New Discipline*. San Francisco, CA: Berrett-Koehler, 2003. Print.

Chatman, J. A. & O'Reilly, C. A. 1994. "Working smarter and harder: A longitudinal study of managerial success." *Administrative Science Quarterly*, 39: 603-627.

Chatman, J. A. 1991. "Matching people and organizations: Selection and socialization in public accounting firms." *Administrative Science Quarterly*, 36: 459-484.

Chesbrough, Henry William., Wim Vanhaverbeke, and Joel West. *Open Innovation: Researching a New Paradigm*. Oxford: Oxford UP, 2006. Print.

Ciulla, Joanne B. *The Working Life: The Promise and Betrayal of Modern Work*. New York: Times, 2000. Print.

Clements, Jeffrey D. *Corporations Are Not People: Why They Have More Rights than You Do and What You Can Do about It*. San Francisco: Berrett-Koehler, 2012. Print.

Collins, James C., and Jerry I. Porras. *Built to Last: Successful Habits of Visionary Companies*. London: Random House, 2005. Print.

Coutu, D. L. "How resilience works." *Harvard Business Review*. May, 2002. Web.

Cross, R. and R.J. Thomas "How top talent uses networks and where rising stars get trapped." *Organizational Dynamics*, 37(2008): 165-180.

Cross, R. and Prusak, L. "The people that make organizations stop—or go." *Harvard Business Review*. 2002.

Dik, Bryan J., Zinta S. Byrne, and Michael F. Steger. *Purpose and Meaning in the Workplace*. Washington, D.C: American Psychological Association, 2013. Print.

Feynman, Richard P. *The Meaning of It All: Thoughts of a Citizen-Scientist*. Reading, MA: Perseus Books, 1998. Print.

Foremski, Tom. "Fortune Asks, 'Why Does America Hate Silicon Valley?'" *ZDNet*. N.p., 4 Oct. 2013. Web.

Freedman, Marc. *Encore: Finding Work That Matters in the Second Half of Life*. New York: PublicAffairs, 2007. Print.

Friedman, Thomas L. *The World Is Flat: A Brief History of the Twenty-first Century*. New York: Farrar, Straus and Giroux, 2005. Print.

Gardner, Howard. *Responsibility at Work: How Leading Professionals Act (or Don't Act) Responsibly*. San Francisco: Jossey-Bass, 2007. Print.

Gardner, John W. *Self-Renewal: The Individual and the Innovative Society*. New York: Norton, 1981. Print.

Gilbert, Daniel Todd. *Stumbling on Happiness*. New York: A.A. Knopf, 2006. Print.

Gini, Al. *My Job, My Self*. New York (N.Y.): Routledge, 2001. Print.

Gladwell, Malcolm. *David and Goliath: Underdogs, Misfits, and the Art of Battling Giants*. New York: Little, Brown & Company, 2013. Print.

Gorrell, Paul, and John Hoover. *The Coaching Connection: A Manager's Guide to Developing Individual Potential in the Context of the Organization*. New York: American Management Association, 2009. Print.

Grant, Adam M. *Give and Take: A Revolutionary Approach to Success*. New York, NY: Viking, 2013. Print.

Hewlett, Sylvia Ann. *Top Talent: Keeping Performance up When Business Is Down*. Boston, MA: Harvard Business, 2009. Print.

Hill, L. "Beyond the myth of the perfect mentor: Building a network of developmental relationships." *Harvard Business Review*. 1991.

Hochschild, Arlie Russell. *The Time Bind*. New York: Owl Books, 2001. Print.

Ibarra, H. and Lineback, K. "What's your story?" *Harvard Business Review*. 2005.

Ibarra, Herminia. *Working Identity: Unconventional Strategies for Reinventing Your Career*. Boston, MA: Harvard Business School, 2003. Print.

Iyengar, S. S., R. E. Wells and B. Schwartz. "Doing better but feeling worse: Looking for the best jobs undermines satisfaction." *Psychological Science*, 17.2 (2006): 143–150.

Kinal, Therese. "The Evolution of Management." *Business Matters*. N.p., 28 May 2013. Web.

Kohn, Melvin L., and Carmi Schooler. "Job Conditions and Personality: A Longitudinal Assessment of Their Reciprocal Effects." *American Journal of Sociology*

87.6（1982）: 257-289. Print.

Kopp, Wendy. *One Day, All Children...: The Unlikely Triumph of Teach for America and What I Learned Along the Way*. New York: PublicAffairs, 2011. Print.

Lennick, Doug, and Fred Kiel. *Moral Intelligence: Enhancing Business Performance and Leadership Success*. Upper Saddle River, NJ: Wharton School Pub., 2005. Print.

Linton, Ian. "Five Differences Between Service and Manufacturing Organizations." *Small Business*. N.p., n.d. Web.

Lombardo, Michael M., and Robert W. Eichinger. *FYI: For Your Improvement: A Guide for Development and Coaching*. Minneapolis, Minn. Lominger International, 2009. Print.

McCrea, Jennifer, Jeffrey C. Walker, and Karl Weber. *The Generosity Network: New Transformational Tools for Successful Fund-Raising*. New York: Crown, 2013. Print.

McKnight, John, and Peter Block. *The Abundant Community: Awakening the Power of Families and Neighborhoods*. Chicago: American Planning Association, 2010. Print.

Moore, Geoffrey A. *Crossing the Chasm: Marketing and Selling High-tech Products to Mainstream Customers*. New York: HarperBusiness, 1999. Print.

Page, Karen L. and Joel M. Podolny. "Network forms of organization." *Annual Review of Sociology*. 1998.

Pontefract, Dan. Flat Army: *Creating a Connected and Engaged Organization*. Toronto, ON: Jossey-Bass, 2013. Print.

Powell, Walter W. "Neither Market Nor Hierarchy: Network Forms of Organizations." *Research in Organizational Behavior* 12（1990）: 295-336. Print.

"Purpose in Higher Education: The Emergence of the Generation Z Workforce." Imperative.com. June 2016. Web.

Ragins, B. R. and Cotton, J. L. 1999. "Mentor functions and outcomes: A comparison of men and women in formal and informal mentoring relationships." *Journal of Applied Psychology* 84: 529-550.

Roberts, B. W., N. R. Kuncel, R. Shiner, A. Caspi and L. R. Goldberg. "The power of personality: The comparative validity of personality traits, socioeconomic status, and cognitive ability for predicting important life outcomes." *Perspectives on Psychological Science* 2: 313-345.

Ross, Andrew. "No-Collar." *Temple University*. N.p., Aug. 2004. Web.

Salmon, Felix. *Reuters*. N.p., 30 Sept. 2013. Web.

Sandberg, Sheryl, and Nell Scovell. *Lean In: Women, Work, and the Will to Lead*. New York: Alfred A. Knopf, 2013. Print.

Seligman, Martin E. P. *Flourish: A Visionary New Understanding of Happiness and Well-being*. New York: Free, 2011. Print.

Stern, Lewis Richard. *Executive Coaching: Building and Managing Your Professional Practice*. Hoboken, NJ: John Wiley & Sons, 2008. Print.

"Silicon Valley Strategies." *Silicon Valley Strategies*. N.p., n.d. Web.

Tavis, Anna and Aaron Hurst. 2015 Workforce Purpose Index. Imperative. Nov. 2015. Web.

TED talk: Amanda Palmer

Tennant, Kyle. *Unfriend Yourself: Three Days to Detox, Discern, and Decide about Social Media*. Chicago: Moody, 2012. Print.

"The MBA—some history." *The Economist*. N.p., 17 Oct. 2013. Web.

"The Purpose City: 50 Leaders and Citizens Create a New Urban Vision". The New Cities Foundation, NBBJ and Imperative. N.p., 14 April 2014. Web.

Thomas, D. A. "The truth about mentoring minorities: Race matters." *Harvard Business Review*. 2001.

Toffler, Alvin. *The Third Wave*. New York: Morrow, 1980. Print.

Turkle, Sherry. *Alone Together: Why We Expect More from Technology and Less from Each Other*. New York: Basic, 2012. Print.

Wolfe, David B., and Rajendra Sisodia. *Firms of Endearment*. Upper Saddle River, NJ., Wharton School of Publishing, 2007. Print.

作者简介

阿伦·赫斯特（Aaron Hurst）是一位"益创者"（Ashoka Fellow），由于他在目的经济领域和社会创新方面的贡献，曾荣获全球优秀企业家称号。他是势在必行机构（Imperative）的首席执行官，也是主根基金会（Taproot Foundation）的创始人，已经领导了主根基金会十几年。他一直为美国《纽约时报》（*The New York Times*）、《华尔街日报》（*Wall Street Journal*）、彭博电视台 Bloomberg TV、《快公司》撰写文章，并在专栏发表。他还曾荣获过"领英影响力人物"（LinkedIn Influencer）称号。